대화 중심 독서 토론

리터러시교육총서

대화 중심 독서 토론

서미경 지음

대한민국, 서울, 학이시습, 2026

대화 중심 독서 토론

지은이 서미경
펴낸이 박영률

발행일 2026년 1월 30일

학이시습
출판등록 2007년 8월 17일 제313-2007-000166호
02880 서울시 성북구 성북로 5-11 (성북동1가 35-38)
전화 (02) 7474 001, 팩스 (02) 736 5047
learningbooks@commbooks.com
www.commbooks.com

Lifelong Learning Books
5-11, Seongbuk-ro, Seongbuk-gu, Seoul, 02880, KOREA
phone 82 2 7474 001, fax 82 2 736 5047

학이시습은 커뮤니케이션북스(주)의 평생학습 전문 브랜드입니다.

ISBN 979-11-430-1674-4 93370

책값은 뒤표지에 있습니다.

독서 토론의 대화적 전환

독서 토론 수업이 교실과 현장에서 확산되고 있지만 여전히 많은 학습자와 교사는 '무엇을 어떻게 말해야 할까?', '어떻게 대화를 진행해야 할까?'라는 고민을 한다. 질문이 개인적 감상 공유로 끝나거나 책 내용과 관련이 없는 신변잡기적 주제로 흐르는 경우가 흔하기 때문이다. 또 독해력 증진을 위한 읽기 교수·학습법으로 독서 토론이 활용되지만, 이미 사회에 잠재적으로 정해진 권위 있는 지식을 답습하게 되는 경우도 적지 않다. 이때 독서 토론에서 참여자 간 상호작용으로 생성된 의미는 그 대화의 중심이 되지 못한다.

이러한 현실적인 문제들이 나타나는 것은 '독서 토론은 의견과 정보를 교환하는 활동'으로 보는 협소한 관점과, 독서 토론에 참여한 상대방의 해석과 응답 가능성을 고려하지 않는 권위적인 언행이 광범위하게 작동하기 때문이다. 그렇기에 독서 토론에 나타나는 의미 이해를 사회에 통용된 지식을 이전하는 것으로 두며 그 지식을 절대적인 것으로 취급한다. 따라서 그 외의 해석은 비합리적인 것으로 치

부하는 태도가 나타난다. 대부분 바흐친(Bakhtin, 1986)이 지적한 '모노로기즘(monologism)'적인 것들이다. 모노로기즘은 절대적인 진리가 이미 존재하며, 그 진리는 권위 있는 존재에 의해 명료하게 설명될 수 있다고 보는 태도다. 다시 말해, 앞서 제시한 독서 토론의 문제 현상은 상호작용 과정에 관여하고 있는 상대방의 주체성을 고려하지 않는 모노로기즘적인 인식 태도들이다.

이 책은 이러한 인식 태도를 문제로 보고, 이제 독서 토론을 '대화적으로 상호 구성되는 의미 구성 과정'으로 살펴보자고 제안한다. 이것은 독서 토론을 단순히 의견을 나누는 장이 아니라, 참여자들이 서로 다른 경험과 지식 그리고 맥락을 가져와 함께 의미를 짓는 공동 작업의 대화 과정으로 이해하려는 시도다.

대화적 전환(dialogical turn)

전통적인 지식 전달 관점에서 텍스트-교사(진행자)-독자로 구성된 독서 토론은 주로 '명확한 해석', '논증', '설득력'에 초점을 맞추었다. 그러나 사회구성주의 관점이 등장한 이후, 의미는 개인 내부에서 고립적으로 형성되지 않으며 개인, 타인, 사회문화적 자원이 교차하는 상호작용 과정에서 구성된다고 이해되었다. 텍스트의 의미 역시 고정값이 아니라, 참여자와 텍스트, 관련된 사회문화 자원이 끊임없이 '재맥락화(recontextualization)'되어 새롭게 재구성된다. 따라서 책을 중심에 두고 상호작용하는 독서 토론의 본질은 텍스트 의미 해석을 일방적으로 학습시키거나 경쟁적 입장에 서서 대립하는 데만 있지 않다. 오히려 상호작용에 참여한 서로 각각의 다른 경험 · 지식 · 관점이 재맥락화되면서 공동의 의미 구성 장을 만들어 가는 데 있다.

이를 구체화하기 위해 본서는 독서 토론을 '대화주의(dialogism)' 관점에 두고 보려 한다. 리넬(Linell, 2009)은 대화주의는 단순한 언어 이론이 아니라 인간의 이해 방식 자체의 '전환(turn)'이라고 주장한다. 대화주의에서는 '정신(mind)'을 능동적이고 맥락에 반응하여, 타인과의 상호작용을 통해 의미를 공동 구성하는 체계로 보았다. 그래서 독서 토론에서의 대화는 두 사람 또는 그 이상의 사람 간에 오가는 발화 행위로만 보지 않는다. 서로 간의 이해를 위한 의미 구성 행위 전반을 포괄하는 개념으로 상호작용적이고 맥락적인 행위로 살펴야 한다.

대화주의 관점으로 보면 또한, 독서 토론 참여자는 '대화적 자아(Dialogical Self)'의 자세를 갖춰야 한다. 대화적 자아는 바흐친(Bakhtin, 1986)의 '다성성(polyvocality)'과

'응답 가능성(answerability)'에 근간을 둔다. 대화에 참여한 타자를 다양한 의미를 해석할 수 있는 대화 주체자로 바라보며 책임감 있는 답변을 제공해야 한다. 또 참여자는 타자와의 상호작용에 다양한 대화 자원(I-YOU-WE-IT)을 끌어와 여러 층위의 대화 상황을 고려해 의미를 상호 조율한다. 그 과정에서 대화 참여자는 더 깊은 수준의 이해로 나아가게 된다. 이때 대화 참여자들과 함께하는 의미 구성 과정은 타자들의 의견을 단순 합산하는 것이 아니다. 그들과 누적 · 대립 · 협력 · 탐구 대화를 구성하며 새롭게 의미를 지어 가는 '공저자(co-author)'적인 작업을 말한다. 따라서 이제 '잘된 독서 토론'이란 관점은 '타자와 서로 다른 대화 자원을 엮어 함께 상호 조율하며, 그 과정에서 얻은 통찰을 대화 주체자로서 잘 표현한다'라는 대화적 관점으로 재정의될 필요가 있다.

독서 토론 대화의 구성 요소

독서 토론 의미 구성 대화에서 다루어져야 할 요소들이 몇 가지 있다. 첫째, 대화 자원이다. 국내외 독서 토론 선행 연구는 주로 프로그램 효과, 인지적 효과, 정서적 변화, 독서 동아리의 특성, 담화 유형 분류 등을 다루어 왔다. 그러나 어떤 대화 자원이 어떻게 대화에 투입되어 의미 구성을 만들어 내는지, 그 미시적인 작용을 분석한 연구는 드물다. 스웨덴 대화주의 학자 리넬(Linell, 2009)은 타자와의 대화를 통한 공동 의미 구성의 다층적 구조를 설명하기 위해, 의사소통의 기호학적 이론들을 정리해 대화 자원 개념을 제시했다. 그는 의미 구성에는 최소한 네 가지 대화 자원(I-YOU-WE-IT)이 사용되며, 이 자원들 간 끊임없는 재맥락화가 이루어져야 역동적이고 창조적인 의미가 나타난다고 강조한다. 본 서는 이 네 가지 대화 자원을 독서 토론 의미 구성 과정에 관여하는 '대화 재료' 개념으로 차용한다. I는 화자의 입장, YOU는 대화에 참여하는 타자에 대한 피드백과 재언급, WE는 사회문화적 자원, IT은 책 내용과 참조한 개념으로 그 내용을 설정한다.

둘째는 대화적 자아다. 대화는 자신과 다른 관점, 다른 문화, 다른 기대를 가진 타자와의 상호작용 속에서 이루어진다. 이때 '이해한다'는 것은 그저 말을 이해했다는 뜻을 넘어서, 그 말에 어떻게 응답할지 자신의 태도를 정하는 일과도 연결된다. 바흐친(Bakhtin, 1986)은 타자를 고려한 발화는 단순한 반응이 아니라, 책임을 떠맡는 응답 행위, 곧 윤리적 태도를 지닌 언어 실천으로 보았다. 그렇다고 해서 대화적 자아가 타인의 말에 끌려다니는 수동적 존재라는 것은 아니다. 대화적 자아로서 말하는 주체는 자기 입장을 유지하되, 타자를 향해 떠오르는 내적 독백, 익숙한 상식과 규범, 자신이 속한 사회 · 문화적 맥락을 함께 고려하고 조율하며 자신의 발화를 다시 구성한다. 이런 점에서 대화적 자아는 고정된 자아가 아니라, 바흐친이 말한 다성성을 가진 '다성적 대화 공간을 가진 자아(Hermans, 2001)'다. 독서 토론 참여자는 이러한 대화적 자아로서 참여해야 한다. 그런 태도가, 타자를 향한 응답 지향성과 자신 안의 다성성을 자각하면서, 타자와의 상호조율을 통해 다층적인 해석을 생산할 수 있다고 본다.

셋째는 공동 저자 개념이다. '공동(co-)'이라는 말은 구성주의 관점에서 공동체 개념과 연결해 설명한다. 에드워드 코치(Edward Kowch)와 리처드 슈와이어(Richard A. Schwier)의 '기술 기반 학습 공동체'는 자율적 개인들이 공동체에서 상호작용하며 공동의 정체성을 형성해 가는 과정을 강조한다. 여기 공동체는 자율성과 공동성의 공존을 전제로 한다. 그러나 대화주의 관점에서 본 독서 토론에 요구되는 '공동'은 공동체 의식 이상의 '공저자(co-author)' 개념을 요구한다. 롬메트베이트(Rommetveit, 1974)는 대화를 통한 의미 구성을 '잠정적 공유 세계(temporarily shared social reality)'를 함께 만드는 공동 저자들의 공동 작업으로 보았다. 이 관점에서 독서 토론의 공동 의미 구성은 참여자 간에 잠정적으로 형성된 공유 세계를 함께 떠받치는 공저자들이 각자의 위치에서 의미를 다시 쓰는 수행 작업이다. 따라서 참여자는 자신의 의미 구성뿐 아니라 타인의 의미 구성 과정을 함께 고려하는 상보적 관계를 갖는다.

넷째는 '상호 사고(Interthinking)' 대화다(Mercer, 2013). 머서는 사람들이 언어를 매개로 주고받는 사회적 상호작용을, 단순한 정보 교환이 아니라 '함께 생각을 짓는 방식'으로 본다. 말을 주고받는 과정에서 의미를 서로 맞추고(조율) 앞으로 넓혀 가는(확장) 사회적 사고 양식이라는 뜻이다. 소모임 토의에서 상호 사고가 이루어질 때, 비교 · 추론 · 설명 · 성찰과 같은 고차 사고 기능이 실제 대화에서 나타난다는 점을 주목했다. 상호 사고 대화 유형 가운데 '탐구 대화(exploratory talk)'는 상호 사고가 가장 뚜렷하게 나타나는 양식이다. 이 유형은 서로의 주장에 이유와 근거를 요구하고, 대안을 제시하고, 자기 생각을 수정하고 확장하게 한다. 또 다른 대화 유형인 '누적 대화(cumulative talk)'는 상대의 발화를 비판하기보다는, 주로 동의나 수용, 그리고 말 덧붙이기를 통해 대화를 쌓아 가는 방식이다. 표면적으로 비판성이 약해 보이지만, 실제로는 대화에서 각자의 경험 · 어휘 · 장면을 모아 공통 대화 자원을 잠재적으로 축적해, 이후 논의를 떠받칠 공동 지식 기반을 만드는 역할을 한다.

다섯째, 의미 구성 단계다. 먼저 독서 토론에서 오가는 발화를 크게 두 범주로 나눌 수 있다. 활동 운영을 위해 오가는 활동 대화와, 텍스트 내용과 주제 자체를 토론하는 주제 대화다. 이 가운데 주제 대화 안에서 이루어지는 의미 구성을 '의미 표현 → 의미 선택 → 의미 형성/결합 과정'으로 제시한다. 이 구분을 통해 독서 토론 대화가 텍스트 세부 정보의 확인 · 공유, 핵심어 · 쟁점의 선택, 그리고 재맥락화 · 재배치를 통한 의미의 변형 · 확장으로 이어지는 의미 구성 대화 흐름을 설명한다. 그 각각 단계에선 텍스트 세부 내용 공유를 통한 공동 기반 구축, 핵심어 선택을 통한 의제 설정, 재맥락화 과정에서 구축되는 공동 의미 구성 양상을 나타난다.

구성적 특징

본서는 총 10장으로 이루어져 있다. 1장에서는 독서 토론의 성격을 검토한다. 독서 토론에서의 상호작용을 단순히 텍스트를 이해하는 것에 그치지 않고 대화를 통해 의미를 함께 만들어 가는 과정으로 살펴보자는 문제를 제기한다. 2장은 사회구성주의 기반과 대화적 맥락을 결합해 '대화적 관점'에서 독서 토론을 바라보는 이론적 틀을 정리한다.

의미가 사회·문화적 맥락과 대화 상황 속에서 구성된다는 점을 '대화 관점'으로 살펴본다. 3장은 공동 의미 창출을 위한 '공동 의미 구성'의 조건을 정리한다. 4장은 독서 토론에 참여하는 사람을 윤리적 응답성·다성성 개념을 기반으로 '대화적 자아'로 개념화한다. 5장은 리넬(Linell, 2009)의 기호적 의사소통 모형을 바탕으로, 의미 구성에 관여하는 최소한의 네 가지 대화 자원 유형을 분류하고, 그 양상을 살펴본다. 6장은 머서(Mercer, 2013)의 상호 사고 개념을 중심으로 누적 대화, 논쟁 대화, 탐구 대화와 같은 대화 유형을 정리한다. 더불어 상호 사고 발달 영역(IDZ)의 개념을 정리하고, 이를 독서 토론 대화에 어떻게 적용할 수 있을지 시사점을 제시한다. 7장은 독서 토론에서 나타나는 대화적 의미 구성 단계를 '의미 표현→의미 선택→의미 형성/결합'의 모델로 제시하고, 단계별 의미 구성 과정에서 대화 양상을 탐구한다. 8장은 대화 촉진자의 역할을 다룬다. 촉진자는 지식 전달자가 아니라 대화 공간을 유지하는 조율자 역할이 부여된다. 그에 따른 대화적 관계 맺기와 지속적인 대화 공간을 구축하는 방안을 제안한다. 9장은 독서 토론 수업 설계를 위한 실제적 지침을 제공한다. 수업 설계의 의의, 수업 설계 체크리스트, 잠재적 사회문화 자원 고려 등 수업 설계 로드맵을 제공한다. 마지막

10장은 초등학교 4학년 독서 토론 수업에서 수집한 실제 대화 자료를 분석한다. 앞서 제시한 이론과 분석 틀을 적용하여, 의미 구성이 어떻게 구현되는지를 구체적인 사례를 통해 검증한다.

참고문헌

Bakhtin, M.(1981). *The dialogic imagination: Four essays* (Trans. by C. Emerson & M. Holquist, edited by M. Holquist). Austin:University of Texas Press.

Bakhtin, M.(1986). Speech genres and other late essays. A selection of essays from the Russian original "Estetika slovesnogo tvorchestva"(Trans. by V. McGee, edited by C. Emerson & M. Holquist). Austin: University of Texas Press. 김희숙·박종소 옮김(2006). 『말의 미학』. 서울:도서출판 길.

Hermans, H. J. M.(2001). The dialogical self: Toward a theory of personal and cultural positioning. *Culture & Psychology*, 7(3), 243~281.

Linell, P.(2009). *Rethinking Language, Mind and World Dialogically: Interactional and Contextual Theories of Human Sense-making.* Information Age Publishing.

Littleton, K., & Mercer, N.(2013). *Interthinking: putting talk to work.* London: Routledge. 김미경·김준경·유미숙 옮김(2019). 『인터씽킹』. 서울:시그마프레스.

Mercer, N.(2013). The Social brain, Language, and Goal-Directed Collective Thinking: A Social Conception of

Cognition and Its Implications for Understanding How We Think, Teach, and Learn. *Educational Psychologist*, 48(3), 148~168.

Morson, G. S. & Emerson, C.(1990). *Mikhail Bakhtin : Creation of a Prosaics*. 오문석·차승기·이진형 옮김(2020). 『바흐친의 산문학』. 서울:앨피.

Rommetveit, R.(1974). *On message structure*. London: Wiley.

Rommetveit, R.(2003). On the Role of "a Psychology of the Second Person" in Studies of Meaning, Language, and Mind. *Mind, Culture, and Activity*, 10(3), 205~218.

차례

편집자 일러두기

- 인명, 작품명, 저서명, 개념어 등은 한글과 함께 괄호 안에 해당 국가의 원어를 병기했습니다.
- 외래어 표기는 현행 어문규정의 외래어표기법을 따랐습니다.

01

독서 토론의 성격

독서 토론은 교육 현장에서 의사소통 방식, 교육 목적, 구현 조건에 따라 다양하게 논의될 수 있지만 다양한 논의는 '사회적 상호작용 속에서 의미가 구성된다'는 점에서 공통점이 있다.

최근 부각된 '사회적 독서' 개념과 대화주의 관점에서 보면 독서 토론은 '대화를 매개로 한 상호작용을 통해 의미를 창조하는 공동 의미 구성 과정'으로 규정할 수 있다.

독서 토론의 정의

국립국어원 표준국어대사전(2012)은 토론을 어떤 문제에 대하여 여러 사람이 각각 의견을 말하며 논의하는 것으로 정의한다. 이처럼 사전에서는 토론을 승패를 가르는 논쟁 행위라기보다, 문제에 대한 서로 다른 견해를 드러내고 조율하는 사회적 의사소통 과정으로 파악하고 있다.

독서 토론 역시 같은 맥락에서 이해된다. 이순영 외(2015)는 독서 토론을 독자가 공동의 독서 활동에 참여하면서 개인이 구성한 의미를 다수 독자와 상호작용함으로써 이해와 감상을 정교화하고 확장하는 활동으로 설명한다. 즉, 독서 토론은 책 내용을 확인하거나 줄거리를 검토하는 수준에 머무는 활동이 아니라, 타인과의 상호작용 속에서 개인의 이해가 끊임없이 수정되고 확장되는 과정임을 강조한다.

한국어문교육연구소(2006)는 독서 토론을 독서 교육의 목표인 의미 구성 능력을 길러 주는 데 목적이 있다고 한다. 그에 따라 독서 토론을 독자들의 상호작용 활동으로서, 그 과정에서 일어나는 의미를 공유하고 구성하는 작용으로 정의한다. 이것은 독서 토론 활동을 독서 교육의 궁극적 목표인 '의미 구성 능력의 신장'과 직접 연결하고 있다는 점에서 주목할 만하다.

한편, 최근 2022년 개정 교과서의 ‘사회적 독서(social reading)’ 관점은 독서 토론의 성격을 다시 생각하게 한다. 서혁(2023)은 사회적 독서를 실제 또는 가상공간에서 독자가 텍스트의 의미를 구성하고, 공유하며, 이를 실천하는 활동으로 설명한다. 다시 말해, 독자는 단순히 텍스트에 담긴 정보를 해석하는 데 그치지 않고, 자기 경험과 배경지식을 끌어와 텍스트에 얽힌 사회문화적 맥락과 사회적 소통 관계까지 고려한다. 이런 점에서 사회적 독서는 개별 독자가 혼자 의미를 만드는 차원을 넘어서, 담화 공동체의 구성원으로서 의미 구성을 수행하는 실천으로 이해해야 한다.

이러한 논의를 종합하면, 독서 토론은 사회적 독서의 대표적인 구현 형태라 할 수 있다. 교실 수업을 넘어 평생교육, 지역 독서 공동체, 온라인 독서 활동으로까지 확장될 수 있는 사회문화적 실천이다. 또 독자가 담화 공동체의 구성원으로서 대화를 매개로 한 의미를 공동으로 구성하는 과정이라는 점이 독서 토론의 중요한 특징이다.

독서 토론의 다양한 모습

독서 토론은 하나의 정의로 포착되기보다는, 연구자가 어떤 측면을 우선시하느냐에 따라 서로 다른 모습으로 묘사

된다. 기존 논의를 정리해 보면, 목적, 의사소통 방식, 구현 조건 맥락이라는 세 가지 축에서 살펴볼 수 있다.

첫째, 교육적 목적 측면의 논의다. 일부 논의는 독서 토론을 읽기, 문해 역량을 더 심화하는 교육 방법으로 활용한다. 텍스트를 정확하게 이해하고, 인물과 사건의 의미를 해석하며, 가치관을 사유하는 활동이 토론의 직접적인 목적이 된다. 반면 다른 논의에서는 독서 토론 활동이 사회 · 정서적 역량, 문제 해결력, 의사소통 기술, 공동체 의식과 같은 역량을 기르는 데 기여한다고 본다. 전자는 독서 활동의 내적 심화 과정에, 후자는 독서를 매개로 삶의 역량을 확장하는 효과에 주목했다고 본다.

둘째, 의사소통 방식에 따라서도 독서 토론의 성격은 달라진다. 어떤 논의는 독서 토론을 협력적 의사소통으로 접근한다. 협력적 의사소통은 서로를 존중하며 생각을 이어 가므로 그 과정에서 공동의 이해와 탐구가 이루어진다. 어떤 논의는 반대로 논증 훈련에 초점을 둔다. 독서 토론을 주장과 근거를 제시하고 반박을 주고받는 논쟁의 장으로 설정한다. 전자는 상호 이해와 공감, 공동 탐구를 강조하는 반면, 후자는 논증 훈련과 비판적 사고의 훈련을 가치로 내세운다.

셋째, 구현 조건에 따라 독서 토론 양상은 다르게 나타난다. 독서 토론은 집단 구성(대규모 · 소규모, 역할 배분), 토론 주도권(교사 주도형, 학습자 주도형), 텍스트의 성격(문학 · 비문학)에 따라 양상이 달라진다. 예를 들어 문학 텍스트 중심 독서 토론은 인물의 선택, 서사의 의미, 가치 판단에 대한 감정적 · 가치적 차원의 토론이 이루어진다. 반면, 비문학 텍스트의 경우 저자의 문제 제기를 바탕으로 사회적 쟁점이나 정보의 타당성을 검토하고 판단하는 활동이 중심이 된다.

이처럼 독서 토론은 교육적 목적, 의사소통 방식, 구현 조건에 따라 다른 양상으로 나타나지만 모두 참여자 간 상호작용 속에서 의미가 구성된다는 점에서 공통성을 가진다.

대화주의 관점에서의 독서 토론

독서 토론은 단순히 책 내용을 나누는 활동이 아니라, 언어적 상호작용을 통한 의미 구성의 실천 과정이다. 단순히 텍스트 내용을 이해하는 수준을 넘어, 의미 구성의 사회적 의미로 확장하는 과정을 가능하게 한다. 이 과정에서 요구되는 의사소통 능력은 일상적 대화와는 구별된다. 독서 토론에서 사용되는 대화는 텍스트에 기반을 두고, 사회문화적 함의를 함께 다루므로 보다 언어적인 숙련도와 맥락적 이해가 요구된다.

거건(Gergen, 1995)은 언어적 상호작용의 사회적 성격을 세 가지로 정리한다. 그에 따르면, 첫째, 언어의 의미는 사회적으로 상호의존적이다. 언어는 개인의 것이 아니라 공동체 속에서 구성된다. 둘째, 언어는 맥락 의존적이다. 특정한 장소와 시간, 사회적 관계 맥락 속에서 언어 행위가 이루어질 때 의미가 생성된다. 셋째, 언어는 공동체적 기능을 지닌다. 언어 사용은 본질적으로 상호적이며, 이를 통해 사회적 규범과 가치가 학습된다고 한다.

이러한 흐름은 바흐친(Bakhtin, 1986)의 '대화주의(Dialogism)'와 맞닿아 있다. 바흐친은 언어를 역사적이고 사회적인 긴장과 갈등 속에서 생성되는 산물로 보며, 언어의 의미가 단순히 주어지는 것이 아니라 사용자의 상호작용 속에서 끊임없이 창조된다고 보았다(김욱동, 1994). 결국 거건과 바흐친 모두, 언어가 고정된 의미의 전달 수단이 아니라, 사회적 상호작용 속에서 재구성으로 이해한다는 점에서 공통점이 있다. 다만 거건은 사회적 관계의 맥락, 규범, 담론 체계 속에서 구성되는 언어의 사회 구성적 성격을 부각했다면, 바흐친은 구체적인 대화 장면에서 교차하고 갈등하는 목소리들의 긴장 사이에서 의미가 창조되고 재구성되는 것에 초점을 두었다.

이 두 관점을 독서 토론에 적용하면, 독서 토론은 사회구성주의 기반인 상호작용으로 사회적 맥락과 담론 속에서 의미를 구성하는 활동이지만, 기존 의미를 답습하거나 협력적 의사소통에 비중을 두지 않는다. 대화주의가 강조하는 것처럼 대화의 주체인 참여자들 사이의 응답과 충돌, 재해석을 통해 새로운 의미를 창조하는 과정이다. 따라서 독서 토론을 사회구성주의를 기반에 둔 대화주의 관점으로 이해하면, 독서 토론의 본질은 정해진 답을 확인하는 정보 공유의 장이 아니라, 의미를 공동으로 구성하는 대화적 의미 구성의 장이 된다.

독서 토론의 교육적 힘

독서 토론을 교육적 관점에서 보면, 한 학생이 텍스트를 읽고 이해한 내용을 고정된 결론으로 두지 않고 친구들과의 대화를 통해 계속 조정해 가는 과정이라고 할 수 있다. 이 과정에서 이루어지는 말하기·듣기는 대화주의가 강조하는 것처럼, 상대의 발화를 받아들이고 되묻고 수정하는 가운데 새로운 의미를 함께 지어 가는 실천이다. 독서 토론이 가진 교육적 힘은 바로 여기에서 나온다. 학습자들은 서로의 생각을 주고받으며 텍스트에 대한 이해뿐 아니라, 공동체가 공유하는 지식과 가치에 대해서도 스스로 재해석해 보는 경험을 하게 된다. 이러한 점에서 독서 토론은 교실 수업을 위한 하나의 기법을 넘어, 평생 교육 프로그램, 마을 독서 모임, 온라인 독서 커뮤니티 등 다양한 장면으로 확장될 수 있는 사회적 · 문화적 독서 학습 방식으로 볼 수 있다.

참고문헌

교육부(2022). 『국어과 교육과정(제2022 - 33호)』. 세종: 교육

김욱동(1994). 『대화적 상상력: 바흐친의 문학 이론』. 서울:문학과 지성사.

서미경(2024). 독서토론 대화에서의 의미구성 양상연구 - 대화자원의 기호적 요소활용을 중심으로-. 가톨릭대학교 일반대학원 박사학위논문.

서혁(2023). 독서 사회의 변화와 새로운 독서 교육: 독서 환경의 변화와 교육적 대응을 중심으로. ≪독서연구≫, 68, 9~33.

이순영·최숙기·김주환·서혁·박영민(2015). 『독서교육론』. 서울:사회평론아카데미.

한국어문교육연구소(2006). 『독서교육사전』. 서울: 한국문화사.

Bakhtin, M.(1986). Speech genres and other late essays. A selection of essays from the Russian original "Estetika slovesnogo tvorchestva"(Trans. by V. McGee, edited by C. Emerson & M. Holquist). Austin: University of Texas Press. 김희숙·박종소 옮김(2006). 『말의 미학』. 서울:도서출판 길.

Gergen, K. J.(1995). Social construction and the educational process. In L.P. Steffee & J. E. Cale (Eds.), *Constructivism in*

education, NJ : Lawrence Erlbaum Associates.
Handsfield, L. J.(2016). L*iteracy Theory as Practice*. 정옥년·허준 옮김(2020). 『문해, 믿음과 편견 그리고 실천』. 서울:학이시습.

02

독서 토론 대화의 특징

읽기 이해를 의미의 '전달'이 아닌 '구성'으로 보는 관점은 독서 토론을 사회구성주의에 기반한 대화주의로 살펴볼 수 있게 한다.
대화주의자 리넬의 맥락적 사회구성주의에 따르면 대화로 생성된 '실현된 맥락'에서 의미가 형성 · 갱신되고 그 축적으로 '상호 세계'를 이룬다.
상호 세계의 특징인 '관계적 · 조율적 · 부분적 공유'는 독서 토론 대화의 주요 특징이 된다.

읽기 이해 관점의 변천과 독서 토론

읽기 이해를 바라보는 관점은 1980년대 후반 이후 '의미 전달(transmission)'에서 '의미 구성(construction)' 과정으로 전환되어 왔다. 맥닐(McNeil, 1992)에 따르면 읽기 이해 관점은 '전달 → 번역 → 상호작용 → 교섭'의 네 단계로 변천해 왔다고 한다. 그 내용은 다음과 같다.

첫째, 전달 관점은 의미의 원천을 필자에 있다고 본다. 텍스트는 필자의 사상과 관점을 그대로 담고 있다. 이때 그 의미를 얼마나 정확하게 찾아내는가가 읽기의 핵심이 된다. 텍스트는 '정답'을 담고 있으며, 독자는 이를 빠트리지 않고 옮겨 적어 받아들이는 '수용자'에 가깝다.

둘째, 번역 관점은 의미의 근거를 텍스트 자체에 둔다. 읽기는 텍스트의 통일성, 응집성, 강조성과 같은 형식적 완결성을 분석해 내는 독자의 능력에 좌우된다. 독자는 텍스트의 구조를 정확히 분석하고, 그 구조에 맞게 의미를 재구성하는 '분석자'의 역할을 갖는다.

셋째, 상호작용 관점은 의미는 텍스트에 두지만, 읽기를 독자가 자신의 스키마와 읽기 전략, 초인지를 활용하여 텍스트의 구조와 상호작용하며 능동적으로 해석하는 것으로 본다. 읽기 과정을 텍스트와 독자의 상호작용으로 설명한다.

넷째, 교섭(거래) 관점에선 텍스트 의미는 고정된 것이 아니다. 의미는 독자의 반응 및 경험, 배경지식 등의 맥락 속에서 새롭게 구성된다고 본다. 이 관점에서는 텍스트와 독자의 관계가 일방적인 전달이 아니라, 서로 영향을 주고받는 거래 관계로 강조된다. 이러한 변천 과정은 학습과 인지과정을 바라보는 관점이 '행동주의 → 인지주의 → 사회문화주의'로 이동해 온 흐름과도 비슷하다.

이 변천을 독서 토론과 연결하면 전달 · 번역 관점을 기반에 둔 독서 토론 활동은 텍스트에 절대적인 의미를 두어 '정답 확인'과 '형식 분석'에 집중하게 된다. 반면 상호작용 · 교섭 관점에 기반을 둔 독서 토론 활동은 참여자 간의 상호작용으로 '질문-근거-재맥락화'를 엮어 가며 자기 의미를 구성하는 공간을 형성하면서 진행된다. 그 공간에서 사회문화적 맥락과 상호작용을 중시하는 사회문화주의 관점이 구현된다. 독서 토론이 바로 그 의미 구성의 공간에서 설계된다.

대화 맥락에서의 의미 생성

독서 토론이 개인의 이해를 넘어 사회적 상호작용으로 의미가 구성된다는 관점의 기반은 사회구성주의다. 이 관점에 따르면, 독서 토론에서 상호작용으로 생성되는 의미는 담화 공동체 내 규범 · 가치 · 관습 등을 공유시키고 정교화시킨다. 그러므로 그 사회가 요구하는 사회 정서 역량, 의사소통 역량, 공동체 가치와 같은 역량을 개발하게 되고, 협동적 학습 양상이 강화된다.

하지만 이렇게 구성되는 '사회문화적 의미'는 공동체가 이미 가지고 있는 규범과 시각을 비판 없이 되풀이하는 구조로 굳어질 위험이 제기되어 왔다. 그리고 상호작용 속에서 의미 구성이 어떻게 일어나는지 그 과정이 구체적으로 충분히 드러나지 않는다는 한계도 제기되어 왔다(Linell, 2009). 공동체가 합의한 규범 이면에서 작용하는 권력관계나 틀이 독서 토론 장면에서 무비판적으로 재현될 경우, 독서 토론은 표면적으로는 상호작용이 활발해 보이지만 의미를 답습하는 형식적인 활동에 머무를 수 있다. '의미 구성 능력의 성장'이라는 교육적 의의를 잃을 수도 있다.

이러한 한계를 보완하기 위해 의미 구성 자체를 '대화' 차원으로 보는 '대화주의(dialogism)' 관점이 필요하다. 바흐친(Bakhtin, 1986)의 대화주의는 언어와 의미가 정해진 합의나 고정된 해석에서 비롯되는 것이 아니라, 실시간으로 서로 다른 목소리와 경험, 가치, 세계관이 만나고 충돌하는 과정에서 새로운 의미와 진리가 만들어진다고 본다. 바흐친의 시각에서 의미는 개별 인지 내부에 고정되어 있지 않고, 대화적 상호작용의 흐름 속에서 생성되고 조정된다. 이때, 의미 구성 대화는 다성성, 응답 가능성, 타자성과 같은 대화적 속성에 의해 새로운 의미를 생성한다. 대화주의 관점은 독서 토론을 정답이나 정보, 정해진 사회적 규범이나 관습을 교환하는 장이 아닌 공동으로 의미를 구성하는 대화의 장으로 위치시킨다.

대화는 또한 본질적으로 '미완성성(unfinalizability)'이라는 특징이 갖는다. 대화는 끝없이 이어져, 완결되지 않아 새로운 표현과 반응이 등장할 때마다 기존의 의미 균형이 깨지며, 그 틈 사이에서 다른 의미와 관점이 생성된다. 이런 동력을 가진 미완성성은 학습자의 의미 구성력 발달과 텍스트 의미의 확장을 촉진한다. 하지만 동시에 과정의 불안정과 예측 불가능성을 유발하기도 한다. 따라서 교육 맥락에서 대화가 어떻게 마무리될 것인지, 어떤 방식으로 대화의 응답 책임을 분담하게 할 것인지에 대한 규범적인 설계가 뒷받침되어야 한다.

리넬(Linell, 2009)은 이와 같은 '대화 맥락에서의 의미 생성'을 보다 구체적으로 설명하기 위해, '맥락적 사회구성주의(contextual social constructionism)'와 '실현된 맥락(actualized context)' 개념을 제시하고 있다.

실현된 대화 맥락

리넬(Linell, 2009)은 '대화주의' 관점을 바탕으로, 사회구성주의의 장점을 살리고 맥락 개념을 정교화한 '맥락적 사회구성주의'를 제시한다. 이 입장에 따르면 의미는 고정된 텍스트나 개인의 내면에만 존재하는 것이 아니라, 대화 장면에서 '맥락(context)'이 실제로 어떻게 작동하는지에 따라 구성된다고 본다. 화용론 연구에서도 역시, 발화의 의미는 언어적 맥락(문맥)과 상황적 맥락(화맥)과의 상호작용에 의존하고 있어서, 같은 표현이라도 누구, 어떤 상황, 맥락의 차이에 따라 전혀 다른 의미로 드러난다고 한다(박영순, 2007).

이때 리넬(Linell, 2009)이 '맥락'을 정적인 배경 조건으로 보지 않고, 대화 속에서 생생하게 구현되는 상태, 즉 '실현된 맥락'으로 파악했다는 점이 '대화 맥락에서 의미 생성'을 구체적으로 살펴보게 했다. 이렇게 실현된 대화 맥락은 '지금-여기'의 실제 의사소통에 영향을 미치는 맥락이다. 그 대화 맥락은 '맥락적 자원(contextual resources)'과 '관련된 맥락(relevant context)' 두 요소의 상호작용으로 형성된다. 먼저, '맥락적 자원'은 참여자가 가지고 있는 잠재적인 자원들을 의미한다. 대화에 호출될 수 있는 언어 · 사회 · 문화에 대한 지식, 백과사전적 지식, 권위 있는 담론과 관습, 개인의 생애 경험, 다른 텍스트에 대한 기억 등이 여기에 포함된다. 이 자원들은 항상 표면에 드러나는 것이 아니라, 대화의 전개에 따라 어떤 것은 호출되고, 어떤 것은 호출되지 않는 방식으로 간접적으로 작동한다. '관련된 맥락'은 교실이나 독서 모임처럼 실제 대화 장면에서 가시적으로 드러나는 요소들이다. 현재 오가는 발화, 진행 대화 중 이전 발화의 재언급 · 재인용, 칠판이나 화면에 제시된 글, 함께 읽는 텍스트의 특정 부분, 대화 상황에 대한 참여자들의 관찰과 인식 등이 여기에 해당한다. '관련된 맥락'은 참여자들 사이의 일정 부분이 공유되어, 일시적 지속적으로 형성되는 그들 간 공유되는 공동 텍스트 성격을 띤다.

대화가 진행됨에 따라 이 두 맥락 층위는 서로를 불러오고 엮이기 시작한다. 이때, 의미 형성에 관여하는 실제적인 맥락 실행의 장인 '실현된 맥락'이 형성된다. '실현된 맥락'은 고정된 결과물이 아니라, 발화와 응답이 오가며 계속 조정되고 결합되어 가는 진행 중인 상태다. 이 상태가 시간이 지나며 누적되고 순환될수록, 참여자들은 이 상호작용의 흔적을 참조하고 활용하면서 공유된 해석의 장을 만들어 간다. 리넬(Linell, 2009)은 이것을 은유적인 표현으로 '상호 세계(interworld)'라고 부른다.

상호 세계; 확장된 인지 공간

상호 세계는 '분산된 인지(distributed cognition)' 개념을 기반에 둔다. 티볼트(Thibault, 2005)는 의미 작용과 인지는 신경 구조, 생태 사회적 과정, 신체 활동에 분산되어 있고, 그때 인지 작용은 신체-뇌 시스템, 도구(산물), 기호 자원, 물질세계로 확장되어 고리로서 전체에 분산되어 있다고 한다. 리넬(Linell, 2009)은 티볼트 개념을 참조해 대화도 분산된 인지의 한 사례로 볼 수 있으며 개인의 정신을 넘는다는 측면으로 '분산된'보다 클라크(Clarke, 1997)의 '확장된 마음(extended mind)'이란 용어를 제시한다. 클라크의 '확장된 마음'은 인간이 자신의 지각 · 인지 · 행동 범위를 확장하기 위해 외부 도구나 물질들을 활용하는데, 그 가운데 언어를 가장 강력한 도구로 본다는 것이다. 따라서 언어를 사용하는 개념이나 사상은 이미 개인을 넘어서서 더 이상 순수한 개인의 속성으로만 이해할 수 없으며 타자와 세계의 상호작용 속에서 맥락적으로 확장하고 지탱될 수 있다는 의미다.

리넬(Linell, 2009)은 '상호 세계'를 개인의 '내면세계(inner world)'도, 완전히 독립된 '객관 세계(outer world)'도 아닌, 그 사이에서 형성된 언어적 산물이 공유되고 평가, 적용되는 공간이라고 한다. 이 공간에서는 대화 속에서 만들어진 발화, 개념, 인용, 공동 텍스트 등이 서로 연결되고, '정상/비정상', '허용/비허용', '적절/부적절'과 같은 기준에 의해 평가되며, 다시 적용된다. 여기서 중요한 점은, 이러한 규범과 기준이 개인 심리나 사고에서 나오는 것이 아니라는 점이다. 이 공간에서의 상호작용 과정으로 형성된 언어적 산물이 외부화되고, 그 산물이 규범으로서 상호 세계 속에서 계속 작동되어 유지 · 조정되는 것이다. 이렇게 상호 세계는 상호작용 속에서 생성되는 맥락으로 확장 구성된다.

상호 세계는 또한 본질적으로 '관계적(relational)' 공간이다. 개별 마음의 작용만으로는 성립되지 않으며, 타자와의 관계, 앞서 살펴본 '실현된 맥락'의 두 맥락 층위가 관계를 맺으며 작동할 때 비로소 존재하게 된다. 한 사람의 발화는 언제나 타자와 주제(혹은 텍스트)를 동시에 고려하고, 때로는 그 대화 현장에 없는 제3자, 사회문화적 자원까지도 함께 고려되고 호출된다. 상호 세계에선 이 관계가 지속적으로 작동하는 실제적인 공간이며, 참여자는 그 안에서 자신의 '입장(stance)'을 조율하며 의미 형성에 관여한다.

마지막으로, 상호 세계에서 다뤄지는 언어적 산물의 특징이다. 이 산물은 부분적으로 공유되며 완전히 닫히지 않는 열려 있는 상태를 가진다. 그래서 언어적 산물 형성 과정은 완전한 합의가 아니라, 차이를 보존한 공유 과정에 가깝다. 참여자들의 역할과 발화 기여도, 관계 등은 균등하게 작용하지 않지만, 서로 다른 기여들이 겹치고 쌓이면서 그 산물인 공동 텍스트가 형성된다. 이렇게 차이의 공유와 개방성 특징을 지닌 상호 세계는 새로운 근거나 관점이 등장할 때마다 의미 구조가 재배치되고 확장하게 된다.

상호 세계의 개념은 '의미는 맥락에서 구성된다는 입장'을 실제 대화 공간 차원에서 구체화한다는 측면에서 중요하다. 독서 토론의 의미 구성은 개인 내부에서만 일어나는 것이 아니라, '실현된 맥락'이 누적되고 얽히며 형성된 상호 세계 안에서 이루어진다. 그 성격은 관계적이고 조율적이며 부분적으로 공유된다. 이 관점으로 독서 토론에서 고려할 해석의 공간이 어떤 성격을 가지는지 설명해 주었다. 또 이후 장에서 다루게 될 '대화적 맥락의 공동 구성'이 어떻게 가능한지에 대한 이론적 토대를 제공한다.

참고문헌

김욱동(1990). 『바흐친과 대화주의』. 서울:나남.
박영순(2007). 『한국어 화용론』. 서울:박이정.

Bakhtin, M.(1981). *The dialogic imagination: Four essays* (Trans. by C. Emerson & M. Holquist, edited by M. Holquist). Austin: University of Texas Press.

Bakhtin, M.(1986). Speech genres and other late essays. A selection of essays from the Russian original "Estetika slovesnogo tvorchestva"(Trans. by V. McGee, edited by C. Emerson & M. Holquist). Austin: University of Texas Press. 김희숙·박종소 옮김(2006). 『말의 미학』. 서울:도서출판 길.

Handsfield, L. J. (2016). *Literacy theory as practice: Connecting theory and instruction in K–12 classrooms.* New York, NY: Teachers College Press. 정옥년·허준 옮김(2020). 『문해, 믿음과 편견 그리고 실천』. 서울:학이시습.

McNeil, J. D. (1992). *Reading comprehension: New directions for classroom practice*(3rd ed.). HarperCollins.

Linell, P. (2009). *Rethinking Language, Mind, and World Dialogically*. Information Age Publishing Inc.

Rommetveit, R.(1987). Meaning, context and control: Convergent trends and con-troversialissues in current social-scientific research on human cognition and communication. *Inquiry*, 30, 77–99.

Thibault, P. (2005). The interpersonal gateway to the meaning of mind: Unifying the inter- and intraorganism perspective on language. In R. Hasan, C. Mat-thiessen, & J. Webster (Eds.), *Continuing discourse on language: A functional per-spective* (pp.117~156). London: Equinox.

Wertsch, J. V.(1991). *Voices of Mind: Sociocultural Approach to Mediated Action.* 박동섭 옮김(2014). 『보이스 오브 마인드:매개된 행위에 대한 사회문화적 접근』. 서울:학이시습.

03

공동 의미 구성의 조건

독서 토론은 의미 구성이 공동으로 이루어지는 대화의 장(場)이다. 대화의 장(場) 안에서 '응답 가능성, 비동시성, 공동 텍스트' 라는 대화 특징과 공저자성, 역동성, 상호 조율이라는 작동 원리를 바탕으로 의미는 공동으로 생성 · 변형 · 조율된다.

공동 의미 구성으로서 대화

공동 의미 구성은 대화 참여자들이 서로 주고받는 상호작용 속에서 이루어지는 의미 형성 과정이다. 여러 사람이 자기 생각을 나누고, 적당한 지점에서 합의에 도달하는 상태를 가리키는 좁은 개념이기보다, 각자의 인지가 대화 과정에 얽혀 분산되고 조정되고 확장되는 실행 과정으로 봐야 한다.

이때 대화는 분산된 사고들을 한데 모아 조율하고, 유지하고, 다시 엮어 내는 역할을 한다. 대화가 이어지는 동안 서로 다른 관점과 배경지식, 표현 방식이 부딪히고 섞이는 그 움직임 자체가 공동 구성의 실체를 이룬다. 그 결과로 대화 과정에서 이전에 없던 공동의 의미가 새롭게 창조되는 양상이 나타난다.

바흐친(Bakhtin, 1986)의 '대화주의(dialogism)'는 의미를 개별 인지 내부가 아니라 대화적 상호작용의 흐름 속에서 끊임없이 생성되고 조정되는 것으로 본다. 그 관점으로 볼 때 독서 토론의 의미 구성은 '응답 가능성(answerability)', '비동시성(responsivity)', '사회문화적으로 매개된 공동 텍스트 형성'이라는 세 가지 특성을 가진다.

대화적 고리로서 공동 구성

공동 구성의 첫 번째 특성은 '응답 가능성'이다. 응답 가능성은 모든 발화가 앞선 말에 대한 반응이거나, 앞으로 돌아올 반응을 미리 전제하면서 이뤄지는 것을 가리킨다. 바흐친(Bakhtin, 1986)은 어떤 발화도 중립적인 독백이 될 수 없으며, '항상 누군가를 향해(addressivity)' 있고 동시에 어떤 형태로든 응답을 요청하는 말이라고 했다. 한 사람의 발화는 고립된 문장이 아니라, 이전 발화를 잇고 뒤이어 올 발화를 예측하면서 놓는 하나의 징검다리에 가깝다.

이런 '응답 가능성'은 상대방의 의견에 단순한 동의나 지지만을 하는 것은 아니다. 질문을 던지거나, 의미를 다시 짜 보거나, 다른 기준을 제시하는 방식으로도 응답은 이루어진다. 이런 다양한 응답의 흐름이 이어질수록 대화는 한 사람의 생각을 반복하는 게 아니라 수용·변형·확장하며 얽히는 공동 구성 과정이 된다. 독서 토론의 발화들도 이러한 응답 가능성을 전제로 조직된다. 하나의 발화는 텍스트에 대한 자신의 해석임과 동시에, 다른 참여자의 해석에 대한 반응이며, 다음에 이어질 질문, 반박, 보충, 재구성을 불러일으킨다. 이러한 응답의 연속체는 공동 의미 구성을 이끌어 내는 기본 구조가 된다.

시간 층위가 겹쳐 있는 대화

둘째로 공동 구성은 여러 시간 규모가 함께 작동하는 '비동시성'을 지닌다. 대화는 '지금-여기' 눈앞에서 오가는 말로만 이뤄지지 않는다. 리넬(Linell, 2009)은 대화를 '과거·현재·잠재적 미래의 발화들이 비동시적으로 얽히는 과정'으로 보았다. 그는 하나의 발화에는 이미 경험해 온 전통, 이전 시간의 실천과 담론의 흔적이 담겨 있고, 동시에 앞으로 예상되는 평가나 후속 활동, 장기적인 실천의 방향이 함께 예측되어 있다고 설명한다.

독서 토론에서 이루어지는 상호작용 역시 '지금-여기'에서 주고받는 응답을 넘어서, 현재 벌어지는 대화, 그 대화를 둘러싼 교육 및 사회제도, 오랫동안 축적된 전통 담론과 실천, 향후 이어질 수업과 평가의 전망 등 다양한 시간 층위가 서로 어긋난 비동시적 구조 속에서 전개된다. 같은 말이라도 언제, 어떤 흐름 속에서 등장했는가에 따라 의미가 달라진다는 점에서, 공동 구성은 다양한 시간 층위에 얽혀 움직이는 과정이다.

사회문화적으로 매개된 공동 텍스트

셋째 특성은 사회문화적으로 매개된 공동 텍스트 형성이다. 대화 속에서 이뤄지는 공동 구성은 개인들의 내면으로

만 공감하는 구성 상태가 아니다. 그들의 삶, 속한 사회, 제도와 역사 속에서 형성된 사회문화적 자원들과 얽혀 있다. 대화에서 말을 할 때는, 각자의 경험과 감정뿐 아니라, 자신이 속한 사회의 가치관, 언어 관습, 장르 규칙, 제도와 역사 등 사회문화적 자원을 끌어와 공동 기반을 만든다.

독서 토론에 적용하자면, 처음은 개인이 읽은 텍스트 의미로 시작하지만, 대화 참여자 각각이 텍스트 의미를 해석하고, 거기에 서로의 발화를 보태고 수정하는 과정이 반복되며 '함께 구성하는 공동 텍스트'를 만든다. 이때 누군가는 개인 경험의 맥락에서 텍스트를 이해하지만, 다른 누군가는 학교 제도나 사회적 규범 등의 맥락에서 텍스트를 해석한다. 이렇게 각각의 참여자들이 그 과정에 잠재된 사회문화 자원들의 일부분을 선택해 대화 과정으로 끌어오면, 이해 층위는 다르지만 사회문화적으로 매개된 공동의 텍스트가 활성화된다. 그 일부의 대화 맥락들이 '실현된 맥락'을 이룬다.

공동 의미 구성 대화의 작동 원리

대화 맥락에서의 응답 가능성, 비동시성, 사회문화적으로 매개된 공동 텍스트 특성은 공동 구성을 설명하는 것이다. 반면에 이제 살펴볼 '공저자성(co-authorship)', '역동성

(dynamics)', '상호 조율(coordination)'은 그 상호작용이 실제 대화 안에서 이루어지고 움직이는 원리를 말한다. 다시 말해 '응답성'은 '공저자성'의 형식으로 구현되고, '비동시성'은 '역동성'을 통해 시간에 걸친 과정으로 드러나며, '사회문화적 공동 텍스트'는 '상호 조율' 과정에서 구체적인 표현, 담화 형식으로 모습을 갖춘다.

의미의 공동 설계

첫 번째 작동 원리는 의미를 함께 써 내려간다는 방식을 나타내는 '공저자성'이다. 롬메트베이트(Rommetveit, 2003)는 의미가 한 개인의 머릿속에서 완성된 채 나오는 것이 아니라 상호작용 속에서 함께 만들어지는 방식이라고 하며 그것을 '공동 저자(co-author)'로 설명한다. 그는 언어와 의미는 개인이 독점하고 소유하는 대상이 아니라, 서로가 '지분을 함께 가진다(shared ownership)'는 관점으로 이해하며 발화 의미는 상호작용 속에서 '의미의 공동 저작(co-authorship of meaning)'으로 매번 다시 만들어진다고 한다. 이때 모든 대화 참여자가 의미 구성에 똑같은 비중으로 기여한다는 뜻이 아니라 오히려 역할과 기여도의 차이를 인정한다는 것이다(Bakhtin, 1986; Rommetveit, 2003). 그 차이를 자원으로 삼아 공동 텍스트를 함께 써 내려가는 과정 전체를 공동 구성이라고 부른다. 공저자성은 이러한 과정에서 서로 다른 기여들이 어떻게 하나의 이야기 흐름에 배치되는지를 설명하는 개념이다. 여기서 말하는 '저자'는 책 표지에 이름이 올라가는 저자만이 아니라, 대화 속에서 '이 모임이 함께 써낸 이야기'를 만드는 데 기여한 모든 사람을 포함한다.

이때 각기 다른 경험을 가진 여러 사람과의 상호작용이 깊어질수록 '어느 순간에 함께 이해했다고 말할 수 있을까'라는 의문이 생긴다. 이것을 설명할 개념이 '상호 주관성(intersubjectivity)'이다. 상호 주관성은 서로 다른 주체들이 대화하는 과정에서, 일정 수준의 공유된 전제 · 관점 · 기본 태도와 방향성을 형성한 상태를 가리킨다. 롬메트베이트(Rommetveit, 1990)는 상호 주관성이란 대화 참여자 사이의 공유된 이해 정도이기보다 타자의 관계 속에서 가변적으로 작동하며 대화에선 부분적으로 작동한다고 제시한다. 상호 주관성은 공동의 과제를 수행할 수 있을 만큼, 함께 기대고 의지할 수 있는 '공통 기반(common ground)'을 맞추어 가는 상태를 의미한다.

독서 토론 대화가 깊어질수록 참여자들의 생각은 하나의 입장으로 모이는 것이 아니라, 서로 다른 관점과 근거가 차이를 유지한 채 설득력 있게 조직되고 배열된 상태에 가

까워진다. 견해의 차이나 강조점, 해석의 결은 그대로 남지만, 의미를 주고받기 위해 필요한 최소한의 공통 기반은 대화가 오갈 때마다 조금씩 조정되고 갱신된다. 이렇게 공통 기반을 갱신해 가는 이 연쇄 과정 자체가 '공저자성'이 실제로 작동하는 흐름이다.

시간에 따라 움직이는 의미

두 번째 작동 원리는 '역동성(dynamics)'이다. 역동성은 공동 의미 구성을 고정된 결과물로 보지 않고, 시간에 따라 변화하고 누적되는 과정으로 이해하는 관점이다. 같은 표현도 언제 등장하느냐, 앞뒤에 어떤 발화가 놓여 있느냐, 이전 차시에 무엇이 논의되었느냐, 앞으로 어떤 활동이 이어질 예정이냐에 따라 의미가 달라진다. 머서(Mercer, 2008)는 하나의 발화는 바로 직전 · 직후의 발화들과 맺는 순차적 관계(즉시성)에서 의미를 얻고, 동시에 장르와 제도, 수업 문화, 참여자 간 관계, 과거의 경험과 공동 기억 등 장기적인 맥락인 '역사성(historicity)'에 의존해 해석된다고 한다. 따라서 대화주의 관점에서 공동 구성은 사진처럼 멈춰 있는 한 장면이 아니라, 앞뒤 흐름을 함께 고려하며 움직이는 장면이다.

이 '역동성'은 두 층위에서 드러난다. 먼저, 표면적이고 즉각적인 발화 층위 흐름이다. 독서 토론에서는 질문-응답 · 다시 질문-정리와 같은 발화 연쇄 과정에서 의미가 단계적으로 전개된다. 예를 들어, 한 학생이 인물의 행동을 '나쁘다'고 단순 평가하면, 다음 학생은 그 인물의 처지를 고려하면 그렇게 단정 짓기는 어렵다고 말할 수 있고, 또 다른 학생은 그렇다면 '책임'이라는 기준으로 다시 생각하자고 말할 수 있다. 같은 인물을 두고 이야기하지만, 논의 초점은 인물 평가에서 상황 이해, 다시 가치 개념으로 서로 이어져 이동한다. 서로의 발화를 기반 삼아 의미를 넓혀 가는 이러한 흐름이 미시적인 차원의 '역동성'을 이룬다.

동시에 '역동성'은 '역사성' 차원에서도 작동한다. 머서(Mercer, 2008)는 현재의 발화가 과거 경험, 공동 기억, 이전 차시에서 형성된 공통 전제, 그리고 앞으로 해야 할 실행과 연결되어 있다고 강조한다. 독서 토론에서도 발화는 지금 시간에만 유효한 것이 아니라, 이전에 읽은 책들, 과거 토론에서 나누었던 해석과 감정, 그동안 공유해 온 제도와 규범, 분위기를 계속 끌어들인다. 동시에 향후 평가, 다음 차시 토론에 대한 기대도 현재 발화들에 영향을 준다. 예를 들어, 한 차시에서 '도망치는 것을 선택한 것도 이해된다'라는 의견이 오간 뒤, 다음 차시에서 다른 작품을 읽으며 '이번 인물의 도망은 지난번과는 다르게 느껴진다'라고 말한다면, 학생들은 과거 경험에 형성된 의미망을 현재의 의미 구성에 다시 적용해 의미를 수정하고 있는 셈이다.

이처럼 '역동성'은 독서 토론이 단지 그때그때 의견을 나열하는 활동이 아니라, 시간의 흐름에 따라 공동의 대화 자원을 축적하고 재구성해 가는 실천 행위라는 것을 보여준다. 이때 의미는 한 차시의 결과로 완결되는 것이 아니라, 이후의 상호작용과 경험으로 계속 다시 쓰인다. 이런 점에서 '역동성'은 앞에서 본 '비동시성'과도 연결된다. 현재의 상호작용은 과거와 미래, 미시적 상호작용과 장기적 실천이 서로 다른 시간 층위에서 동시에 작용하며, 시간적 층위들이 끊임없이 만나는 장이다.

서로 맞추어 가며 이어서 생각하기

세 번째 작동 원리는 '상호 조율'이다. 바와이즈와 페리(Barwise & Perry, 1983)는 상호 조율을 '상대의 조율에 맞추어지는 조율'로 설명한다. 상호 조율은 대화 참여자들이 상대의 말, 말하는 속도와 리듬, 표정과 몸짓, 대화 방향 등 서로의 말과 상황에 맞추어 자신의 발화를 조정하는 과정이다. 각자가 준비해 온 생각을 그대로 쏟아내는 발표가 아니라, 대화 흐름에 따라 말을 줄이고, 덧붙이고, 방향을 바꾸는 동시적인 조정자 역할을 한다.

이 과정에는 특히 '재언급'과 '재맥락화(recontextualization)'가 나타난다. 재언급은 상대의 발화를 직접 가리키거나 인용하거나 다시 쓰는 행위를 말한다(서미경, 2024). 이것은 리넬(Linell, 2009)의 대화적 응답성과 상보성, 색스 외(Sacks et al., 1974)의 실제 대화 현장 연구에서 논의된 '업테이크(uptake)' 개념을 이론적으로 종합해 제시한 개념이다. 색스 외(Sacks et al., 1974)의 '업테이크'는 실제 대화 상호작용에서 전달된 의미는 상대 발화에 드러나는 듣는 상대의 이해(uptake)라는 것이 핵심이다. 즉, 상대가 화자의 말을 무엇으로 알아들었는지를 다음 발화로 보여 주는 것이다.

재언급은 "아까 네가 말한 것처럼", "그 의견에 덧붙이면"과 같이 앞선 발화를 직접 가리키고 다시 사용하는 행위로 나타난다. 이때 앞사람의 말은 단순 반복되는 것이 아니라, 초점이 바뀌거나 다른 예와 결합하면서 새로운 위치와의 연결을 맡게 된다. 재언급은 또한, 상대가 해 놓은 해석의 발판을 자신의 발화 토대로 삼아 공동 구성의 미세한 조율 과정을 뒷받침해 준다.

재맥락화는 상호조율 범위를 넓혀 준다. 재맥락화는 같

은 내용이 다른 맥락이나 형식, 타자에게 옮겨지는 과정에서 그 의미가 새롭게 조율되는 현상을 말한다. 예를 들어, 독서 토론에서 텍스트의 한 장면을 가족 경험, 학교 생활, 사회적 쟁점, 진로 고민 등으로 각각 다른 맥락에서 다르게 풀어낼 수 있다. 혹은 그 장면을 키워드 지도, 사례 이야기, 비교 도표, 관계도 등 다른 형식으로 옮기면서 의미를 재조직할 수 있다. 이렇게 텍스트의 의미는 한 가지 해석에 묶이지 않고, 다양한 삶의 맥락과 표현 방식에 연결되면서 공동 텍스트의 의미 범위가 넓어진다. 이처럼 상호 조율은 공동으로 구성하는 의미 구성이 고정된 합의를 이루는 과정이 아니라, 서로의 발화를 참조하고 재배치하면서 함께 이어 쓰는 과정임을 보여 준다.

참고문헌

서미경(2024). 독서토론 대화에서의 의미구성 양상 연구- 대화자원의 기호적 요소 활용을 중심으로. 가톨릭대학교 일반대학원 박사학위논문.

Bakhtin, M.(1986). Speech genres and other late essays. A selection of essays from the Russian original "Estetika slovesnogo tvorchestva"(Trans. by V. McGee, edited by C. Emerson & M. Holquist). Austin: University of Texas Press. 김희숙·박종소 옮김(2006). 『말의 미학』. 서울:도서출판 길.

Barwise, J., & Perry, J.(1983). *Situations and Attitudes.* Cambridge, MA: The MIT Press.

Linell, P.(2009). *Rethinking language, mind, and world dialogically: Interactional and contextual theories of human sense-making.* Charlotte, NC: Information Age Publishing.

Mercer, N.(2008). The seeds of time: why classroom dialogue needs a temporal analysis. *Journal of the Learning Sciences,* 17(1), 33-59.

Morson, G. S. & Emerson, C.(1990). *Mikhail Bakhtin : Creation of a Prosaics.* 오문석·차승기·이진형 옮김(2020). 『바흐친의 산문학』. 서울:앨피.

Rommetveit, R.(1974). *On message structure.* London: Wiley.

Rommetveit, R.(1990). On axiomatic features of a dialogical approach to language and mind. In I. Markovά & K. Foppa (Eds.), *The dynamics of dialogue* (pp. 83~104). New York: Harvester Wheatsheaf.

Rommetveit, R.(2003). On the role of "a psychology of the second person" in studies of meaning, language and mind. *Mind, Culture & Activity,* 10, 205~218.

Sacks, H., Schegloff, E. A., & Jefferson, G.(1974). A simplest systematics for the organization of turn-taking for conversation. *Language,* 50, 696 - 735.

04

대화적 자아

독서 토론에서는 타자와 텍스트, 자신의 내적 목소리 사이를 조율하며 공동으로 의미를 재구성하는 과정이 무엇보다 중요하다. 참여자는 대화의 미완성성을 인정하고 타자의 말에 책임 있게 응답하며, 한 사람 안에 공존하는 여러 입장과 목소리를 자각하고 조정하는 존재인 '대화적 자아'로 규정된다.

대화적 자아의 개념

대화주의 관점에서 자아는 고정된 중심이라기보다 타자와의 관계 속에서 끊임없이 형성 · 조정되는 존재다. 바흐친(Bakhtin, 1986)에 따르면 개인의 의식은 '홀로 있는 의식'이 아니라 타자의 목소리, 사회적 담론, 문화적 언어가 스며든 대화적 의식이며, 그는 자아를 '언제나 타자의 시선과 말에 노출된 존재'로 묘사한다. 스스로에게 말하는 내적 독백조차도 완전히 혼자만의 것이 아니라 이미 타인의 말투 · 어휘 · 시선이 배어 있는 다성적 대화라는 것이다(Hermans, 2002). 이런 점에서 '대화적 자아'란 자기 안에 이미 여러 타자의 목소리를 품고 있으면서, 새로운 타자와의 만남 속에서 자기 자신을 다시 써 내려가는 자아라고 말할 수 있다.

이 관점에서 독서 토론의 참여자는 단순히 자기 생각을 주고받는 개별 독자에 머물지 않는다. 참여자는 이미 가족, 학교, 직장, 교회, 또래 집단 등에서 형성된 여러 담론의 흔적을 지니고 있으며, 이 흔적들은 책을 읽을 때도 관여하고 독서 토론 대화 과정에도 호출된다. 이처럼 독서 토론 참여자는 여러 사회문화적 담론이 교차하는 지점에 서 있으며, 타자와 여러 담론의 목소리와의 관계를 의식하는 대화적 자아다.

대화적 자아는 '미완성성(unfinalizability)'을 갖는다(Linell, 2009). 미완성성을 지닌 자아는 완성된 답을 가지고 대화에 들어오지 않으며, 타자와의 상호작용을 통해 입장을 수정하고, 새로운 관점을 받아들이고, 자신의 해석을 다시 구성하는 '열린 상태'를 취한다. 이 '열린 상태'가 상호작용에 관여하는 담론 흔적, 맥락 자원 등과 같은 의미 형성 자원들의 위치 간에 이동과 상호 배치를 가능하게 한다. 이런 입장은 독서 토론 참여를 '다른 목소리에 의해 나의 이해가 다시 쓰일 수 있는 자리'에 있게 한다. 또, 미완성성을 지닌 자아는 새로운 질문과 근거, 다른 관점이 제시될 때마다 자신의 위치를 계속 조정해 가며 자신의 해석을 다시 검토하고, '처음에는 이렇게 생각했는데, 지금은 조금 다르게 보인다'고 말할 수 있는 행위 주체가 된다. 이때 독서 토론 과정은 단순히 의견을 나열하는 것이 아니라, 대화적 자아와 의미가 함께 변주되는 과정으로 나타나게 된다.

독서 토론에서 '대화적 자아'로 참여한다는 것은 텍스트와 타자, 자신의 내적 목소리 사이에서 조정자이자 공저자로 서는 것을 의미한다. 이에 '대화적 자아'는 단순한 개인의 심리적 특성을 가리키는 것이 아니라, 대화에 참여하는 존재 방식을 가리키는 개념으로 바라봐야 한다.

응답과 책임을 함께 지는 자아

대화적 자아의 첫 번째 특징은 '응답 책임'이다. 대화에서 한 발화가 이전 발화에 대한 응답이자, 다음 말의 가능성을 열어 두는 '응답 가능성(answerability)'을 갖는다고 한다. 여기에 바흐친이 말한 '책임'을 더한다면, 응답 가능성은 '응답 책임'으로 확장해 볼 수 있다(서미경, 2024). 바흐친은 한 사람의 말과 질문, 이견은 모두 타자에게 걸어두는 말-행위이며, 그것에 응답할 책임이 따른다고 한다(Bakhtin, 1986; 박동섭, 2008). 이 응답 지향성과 응답 책임의 고려는, 응답을 단순한 답변 말하기가 아니라 고유한 책임을 수반하는 행위로 만든다. '어떤 말에 어떻게 응답할 것인가'라는 것만의 문제가 아니라, 그 말과 타자, 그 사이에서 어떤 태도로 위치하는가의 문제까지 포함한다. 그것은 나의 발화가 타자에게 어떤 영향을 남길지, 나의 발화로 특정 집단이나 인물에 대한 타자의 인식이 긍정 또는 부정적으로 변하게 될 수 있다는 것까지 고려하는 태도다.

독서 토론에서 '응답 책임'을 지닌 참여자는 타인의 발화를 가볍게 취급하거나 서둘러 평가하기보다, 그 발화를 하나의 진지한 시도로 받아들이고 성실하게 응답하려고 한다. '맞다/틀리다'를 빠르게 판단하는 대신, '왜 저 친구는 저렇게 읽게 되었을까?', '저 해석의 배경에는 어떤 경험과 감정이 깔려 있을까?'와 같은 생각을 먼저 떠올린다. 또 자신의 발화가 누군가에게 상처를 남기진 않는지, 특정 집단에 대한 편견을 강화하지는 않는지, 자신의 발화가 미치는 영향과 책임을 함께 점검하려고 한다. '응답 책임'을 지닌 대화적 자아는 텍스트의 발화를 그대로 수용하는 데 그치지 않고, 그것이 어떤 시대 · 맥락 · 관점에서 나온 말인지, 특정 집단이나 인물에 대해 어떤 규범이나 시선을 전제하고 있는지를 비판적으로 묻는다. 이때 비판은 상대를 공격하는 방식이 아니라, 텍스트와 책임 있는 응답 관계를 맺는 하나의 수단으로 보아야 한다.

이처럼 '응답 책임'은 '타자와 텍스트의 목소리'를 모두 '응답을 요구하는 대상'으로 살피는 대화적 자아의 기본 태도다. 독서 토론 참여자에게 '응답 책임'은 얼마나 많은 말을 했는가가 아니라, '타인의 말을 어떤 태도로 듣고, 어떤 방향으로 연결하며, 자신의 말-행위에 대해 얼마만큼 책임을 자각하는지'와 같이 그 변화 가능성에 자신의 생각을 열어 두게 하는 태도가 된다. 이것이 독서 토론 참여자의 가장 기본적인 윤리적 마음가짐이라고 할 수 있다.

공존하는 여러 목소리

두 번째 특징은 '다성성(polyphony)'이다. '다성성'은 하나의 개인 안에 여러 목소리, 여러 시선, 여러 입장이 함께 공존할 수 있다는 관점이다. 바흐친(Bakhtin, 1986)은 다성적 소설을, 등장인물들이 작가의 종속적인 도구로 사용되지 않고 각각 서로 고유한 목소리와 관점을 지닌 주체로 등장하는 구조의 소설이라고 설명한다. 각 인물의 목소리는 하나의 진리를 향해 가는 서술에 흡수되지 않고, 서로를 향해 질문을 던지고 반박하며 '다성성'으로 공존한다고 본다. 이 개념은, 자아를 '한 가지 일관된 목소리'라기보다, '부모로서 말하는 자아, 교사로서 말하는 자아, 학습자로서의 자아, 특정 집단 구성원으로서의 자아' 등 여러 위치에서 말하는 복수의 목소리가 얽혀 있다고 이해하게 한다. 이때 자아는 서로 다른 '자기-위치(I-positions)'들이 서로 말을 걸고 답하는 상태로 표현할 수 있다.

독서 토론에서도 이런 '다성성'이 자주 관찰된다. 예를 들어 어떤 학생이 '엄마 입장에서 보면 이 인물 마음이 이해되지만, 학생 입장에서 보면 그래도 책임을 져야 했다고 생각해요'라고 말할 수 있다. 이는 한 사람이 상황에 따라 말을 번복하며 입장을 이리저리 바꾸는 게 아니라, 자기 안에 공존하는 '엄마 입장'과 '학생 입장'처럼 서로·다른 목소리를 자각하고, 그것들을 구분해 비교 · 조정해 가는 과정이다. '다성성'을 지닌 자아는 여러 위치에서 말하는 잠재적 목소리들로 표현되고 또한, 어떤 목소리가 언제, 어떤 계기로 활성화되는지에, 또 어떻게 배후로 물러나는지에 관심 갖게 한다.

'다성성'의 또 다른 중요한 의의는 타자 이해 측면이다. 이것은 타인의 발화를 들을 때 '저 사람은 원래 저런 사람'이라고 고정하기보다, '저 말 뒤에는 어떤 목소리들이 숨어 있을까?'를 고려하게 한다. 예를 들어 한 학생이 텍스트의 인물을 강하게 비난할 때, '다성성'을 지닌 대화적 자아의 자세는 그 비난을 그 학생의 고정된 입장으로 보기보다, 가정 및 학교 경험, 또래 문화, 미디어 담론 등 그 학생 내면에서 위치한 여러 목소리의 조합으로 보는 것이다. 이런 관점은, 서로를 단성적인 고정된 성격으로 규정하지 않고, 서로의 '다성성'을 발견하고 그것을 확장하는 가능성으로 보게 한다.

대화적 자아의 태도

대화 과정에서 '응답 책임'과 '다성성'의 태도가 구현될 때 대화적 자아가 드러난다. '대화적 자아의 작동'은 거창한 이론이 아니다. 독서 토론 장면에 나타나는 태도와 말하기 습관들 속에 배어 있다. 예를 들어 어떤 참여자는 토론이 시작되자마자 자기 의견을 주장하기보다, 먼저 여러 사람의 발화를 충분히 들은 뒤, 그 과정에서 자신의 이해를 다시 재구성한 후 말을 꺼낸다. 또 다른 참여자는 자신의 이해가 바뀌어 가는 과정을 숨기지 않고, '처음에는 이렇게 읽었는데, 지금 이야기를 듣고 나니 이 부분이 다르게 보이네요'라고 공개적으로 자신의 의미 조정 과정을 말한다. 이 모습은 자기 이해가 완성된 것이 아니라, 타자의 목소리와 근거에 따라 다시 쓰일 수 있는 열린 상태임을 수용하는 태도다. 이런 자기 수정과 위치 조정 태도에서 대화적 자아의 작동을 확인할 수 있다.

대화적 자아는 질문하는 태도에도 적용된다. 여기서 질문은 단지 정보를 얻기 위한 형식적인 질문이 아니라, 타자의 해석과 텍스트를 더 이해하고 함께 의미를 넓히려는 열린 질문이다. 예를 들면, "그렇게 읽게 된 계기가 뭐예요?", "이 장면이 지금 우리 사회와 맞닿는 지점은 어디일까요?", "만약 이 인물이 다른 선택을 했다면 어떻게 되었을까?"와 같은 질문들이다. 자신을 타자와 텍스트를 향해 열어 두고, 새로운 의미를 함께 구성하자고 말을 거는 행위와 같다. 이것은 '응답 책임'과 '다성성'이 결합된 태도로, 독서토론을 단순한 감상 나누기 수준에서 공동 사유의 장으로 전환한다.

대화적 자아의 태도는 또한 침묵과 경청의 방식으로도

작동한다. 대화주의에서는 침묵을 단순한 말 없음이 아니라, 타자의 말을 받아들이고 그 말에 어떻게 응답할지 준비하는 잠정적 공간으로 본다(Morson & Emerson, 1990). 대화적 자아는 독서 토론에서의 모든 대화 과정을 말로 채우기보다, 때로는 멈춰 서서 타인의 말을 충분히 듣고, 침묵 속에서 자신의 내면 대화를 정리한 뒤에 말을 꺼낸다. 이렇게 경청을 통해 적절한 시점에 질문하고 침묵에서 자기 입장을 조정해 표현하는 것도 대화적 자아의 한 유형이다. 이러한 침묵과 경청의 태도는 타자의 '다성성'이 드러날 자리를 내주는 '응답 책임'을 고려하는, 대화적 자아 행위로 볼 수 있다.

대화적 자아는 독서 토론 현장에서 '책임 있게 응답'하고, 자기 안의 '다성성'을 인식하며, 타자와 텍스트를 향해 자신을 열어 두는 태도로 작동한다. 대화적 자아로서의 독서 토론 참여자는 자신의 목소리를 주장하는 동시에, 그 목소리가 다른 목소리들과 어떻게 얽히고, 어떤 결과를 가져올지에 대해서도 함께 책임을 진다.

참고문헌

김욱동(1994). 『대화적 상상력: 바흐친의 문학 이론』. 서울:문학과 지성사.
박동섭(2008). 바흐친의 대화성 개념을 통한 교실 담화 분석의 방향모색. ≪교육인류학연구≫, 11(1), 37~72.
서미경(2024). 독서토론 대화에서의 의미구성 양상 연구- 대화자원의 기호적 요소 활용을 중심으로. 가톨릭대학교 일반대학원 박사학위논문.
Bakhtin, M.(1986). Speech genres and other late essays. A selection of essays from the Russian original "Estetika slovesnogo tvorchestva"(Trans. by V. McGee, edited by C. Emerson & M. Holquist). Austin: University of Texas Press. 김희숙·박종소 옮김(2006). 『말의 미학』. 서울:도서출판 길.
Hermans, H.(2002). The dialogical self as a society of mind: Introduction. *Theory & Psychology*, 12, 147~160.
Linell, P.(2009). *Rethinking Language, Mind, and World Dialogically: Interactional and Contextual Theories of Human Sense-Making*. Charlotte, NC: Information Age Publishing.
Morson, G. S. & Emerson, C.(1990). *Mikhail Bakhtin : Creation of a Prosaics*. 오문석·차승기·이진형 옮김(2020). 『바흐친의 산문학』. 서울:앨피.
Salgado, J., & Gonçalves, M. M.(2007). The dialogical self: Social, personal, and (un)conscious. In J. Valsiner & A. Rosa (Eds.), *The Cambridge handbook of sociocultural psychology*(pp. 608~624). Cambridge University Press.
Salgado, J., & Hermans, H.(2005). The return of subjectivity: From a multiplicity of selves to the dialogical self. *E-Journal of Applied Psychology*, 1, 3~13.

05

대화 자원

대화적 자아는 여러 가지 대화 자원을 활용한다.
공유되는 대화 자원을 매개로 대화 참여자들은
의미를 구성한다.
리넬의 이중 대화성에 기초해 I-You-We-It 네 가지
대화 자원 유형을 제시하고, 발화 주체, 타자,
텍스트 · 개념, 사회문화적 '우리'가 얽히면서 독서
토론의 의미망을 이루는 방식을 분석하는 틀을
제시한다.

이중 대화성

대화에서 일어나는 의미 구성을 리넬(Linell, 2009)은 '개인 내(intrapersonal)', '대인 간(interpersonal)', '현재적(now-and-here)', '사회 · 역사적(socio-historical)' 차원이 함께 얽힌 과정으로 제시한다. 이 차원은 대화에는 단순히 화자-청자만 관여하지 않고, 그들을 둘러싼 현재 상황(교실 장면, 과업, 물리적 배치)과 사회 · 역사적 맥락(문화, 제도, 관행, 과거 경험)까지 의미 구성에 관여한다는 의미다. 예를 들어, 독서 토론에서 한 학생이 '복제 인간은 친구가 되면 돼요'라고 말할 때, 이 한 문장은 그 학생의 입장만이 아니라, 그동안 접한 뉴스, 가족과 나눈 대화, 교과서 지식, 교사의 질문 방식, 교실 분위기 등 많은 대화 자원이 뒤섞인 결과물이며 그 대화 자원은 여러 층위의 대화 차원 위에 있다. 사람들은 말할 때 보이는 대화 자원 외에 여러 층위의 잠재적 대화 자원을 동시에 사용한다. 언어적 표현과 문법, 특정 장르(논증, 이야기, 설명)의 틀, 과거의 담화 관행, 문화적으로 공유된 상식과 가치, 제도적 규범, 몸짓과 억양, 물리적 환경과 도구(텍스트, 칠판, 자료) 등이 그것이다.

이 여러 층위에 속한 대화 자원은 개인이 새로 구축한 것이 아니라 사회적으로 축적된 것이거나 발화 순간마다 참여자에 의해 선택 · 조합 · 재배치된다.

리넬(Linell, 2009)은 이 자원들을 두 층위로 구분한 '이중 대화성(double dialogicality)'으로 설명한다. 한 층위는 '지금-여기(now-and-here)'의 구체적인 상호작용 층위를 말한다. 발화 · 몸짓 · 표정과 같은 구체적인 행위로 다른 참여자의 발화에 응답하고 다음 발화를 끌어오는 실시간 상호작용이다. 다른 한 층위는 '전통적 실천 체계(traditional practices)' 층위다. 실시간 상호작용을 규율하는 규범, 장르, 담론으로 잠재적인 사회 · 역사적 담론까지 연결되는 간접적 맥락이다. 예를 들어, 독서 토론에서 '요즘은 다 성과로 사람을 평가하잖아요'라는 발화는 지금 대화에서 타자의 말에 대한 응답이지만, 동시에 '성과 중심 사회'에 대한 미디어 담론, 학교 평가 문화, 가정에서의 경험 같은 전통적, 사회적, 역사적인 말들과 연결된다. 즉, '지금-여기'의 상호작용과 전통적 사회문화 담론이라는 두 층위가 서로 영향을 주며 역동적으로 작용한다. 동시에 작용하는 두 층위는 서로를 보완하거나 긴장시키는 가운데 의미가 함께 구성된다. '이중 대화성'을 지닌 의미 구성은 개인이 처한 상황, 자신이 위치한 대화 장면, 그때그때 불러와 조합되는 대화 자원에 따라 맥락적으로 조정된다.

리넬의 대화 자원은 네 가지 차원과 이중 대화성으로

구현되는 대화에 끌려온다. 그래서 이 두 개념의 특징들이 대화 자원의 기본 전제를 설정한다. 첫째, 대화 자원은 개인의 소유물이 아니라 사회적으로 축적된다. 둘째, 대화 자원은 발화 순간마다 재구성된다. 어떤 자원을 불러오고 어떻게 결합하는지는 상황적 상호작용 속에서 계속 조정된다.

대화 자원의 유형

의미 구성에 관여하는 화자와 타자 위치, 관여하는 위치를 개념화하기 위해 리넬(Linell, 2009)은 여러 의사소통 이론을 비교 · 검토했다. 마르코바(Marková, 2003)의 '자기(Ego)-타자(Alter)-대상(Object)', 뷜러(Bühler, 1934)의 발화 기능인 '나'의 표현-'너'에 대한 호소-'그것'의 상징, 뒤부아(Du Bois, 2007)의 'stance triangle'(자기 입장-대상-타인), 지턴 외(Zittoun et al., 2007)의 '보이지 않는 제3자(invisible third party)' 개념이 그것이다. 이 논의를 종합하여 리넬(Linell, 2009)은 실제 대화에서 의미를 구성하는 데 관여하는 요소를 네 가지 기호인 'I, You, We, It'으로 정리했다. 이 네 요소의 기호는 문법적 인칭 대명사를 그대로 표시한 것이고, 대화 장면에서의 의미 구성의 상징적 자리를 가리킨다. 다음은 네 가지 기호인 'I, You, We, It'의 대화 자원 범주를 정리했다.

우선, 각 기호에 해당하는 대화 자원 범주는 아래와 같다.

- I(Ego) : 말하는 '나', 주체
- You(Alter) : 함께 대화하는 상대, '또 다른 자아'
- It(Object/Text) : 우리가 두고 이야기하는 대상(사물, 사건, 개념, 텍스트)
- We(Socialculture) : 보이지 않지만 항상 깔려 있는 '우리/사회/일반인'의 세계

I(Ego): 말하는 '나'

기호 I는 발화하는 자, 말하는 주체의 자리다. 발화하는 자에는 단지 개인으로서의 '나'뿐 아니라, '지금-여기서 이 말을 하고 있는 사람', '토론에 참여한 독자'라는 역할도 함께 포함된다. I 자리는 자신이 무엇을 보고, 느끼고, 판단하는지 입장을 드러내는 자기 이해와 해석의 출발점이다. 독서 토론 대화 분석 시 I는 '화자의 의견, 감정, 판단, 경험'으로 정리한다(서미경, 2024). "저는 이 인물이 너무 외로웠을 것 같아요", "저는 예전에 비슷한 일을 겪어 봤는데요…"와 같은 발화는 모두 I 자원을 사용해 자신의 입장을 세우는 예다.

You(Alter): 함께 대화하는 '너'

You는 발화가 향하는 직접적 타자의 자리다. "너는 어떻게 생각해?"처럼, 발화는 언제나 어떤 You를 전제하며 나간다. 눈앞에 있는 다른 참여자, 지금-여기에서 말을 건네는 상대가 여기에 포함된다. 독서 토론 대화 분석에서는 You는 '타자 또는 타자의 말을 들은 것을 말로 재표현한 것'으로 구체적으로 타자의 말을 언급하는 것으로 정리한다(서미경, 2024). "아까 누가 말한 것처럼…", "저도 누구 의견에 동의해요", "선생님이 아까 '가족'이라고 했잖아요"처럼 다른 사람의 말을 재인용·재언급하거나, 타자의 말에 대답·동의·보완하는 발화가 You 자원에 해당한다.

It(Object/Text): 우리가 두고 이야기하는 '그것'

It은 대화에 참여하는 우리가 '두고 이야기하는 것', 즉 대화의 대상이 되는 주제, 사건, 텍스트, 참조하는 다른 텍스트나 개념을 가리킨다. 읽고 있는 책, 특정 장면, 추상적 개념(정의, 공정, 자유 등)이 It 자리다. 독서 토론 대화 분석 시 It은 '독서 토론에 쓰인 텍스트, 대화에 참조한 개념 및 다른 텍스트, 언급된 개념의 본질적 의미'로 설정한다(서미경, 2024). "52쪽에 보면 주인공이 집을 떠나는 장면이 나오잖아요", "공정은 평등과 달라요", "『어린 왕자』에서 나오는 '눈에 보이지 않는 것' 이야기랑 비슷해요"처럼 텍스트의 구체적인 내용, 다른 텍스트, 개념의 정의를 대화에 끌어올 때 It 자원이 작동한다.

We(Social culture): 보이지 않지만 작동하는 '우리'

마지막으로 We는 개별적인 I와 You를 넘어서는 사회문화적 자원 자리를 말한다. "요즘 사람들은…", "우리 사회에서는…"과 같은 발화는 자신과 타자를 함께 묶어 하나의 집단으로 묶어 낸다. 거기엔 실제 대화 참여자들뿐만 아니라 '우리 사회', '요즘 학생들', '일반적인 사람들'과 같은 보이지 않지만 항상 깔려 있는 공동체까지 포함한다. 이렇듯 리넬(Linell, 2009)은 We를 '의미 잠재력(meaning potentials)'을 가진 사회적 자원으로까지 고려한다. 어떤 단어가 대화에 사용될 때, 그 단어에는 이미 그 사회에서 오랫동안 사용해 축적된 방식, 가치관, 감정 등 잠재적인 의미까지 함께 따라온다. 이를 '일반화된 타자(generalized other)'가 공유하는 의미라고 부르며, 그래서 We에는 '우리/그들/사람들'로 표현되는 보편적인 시선과 그 사회의 사회문화적 기억이 함께 들어 있다.

독서 토론 대화 분석 시 We는 '사회문화적 지식 및 경험, 역사 지식, 사회 규범과 관행, 일반인 · 제3자' 등으로 정리한다(서미경, 2024). "우리 사회는 시험 점수로 사람을 너무 많이 가르는 것 같아요", "역사를 보면 전쟁 때 이런 실험이 많이 있었잖아요", "코로나 때 다 마스크 쓰고 힘들었잖아요" 등이 개인의 경험을 넘어 We 자원을 끌어오는 예다.

'I-You-We-It'과 같은 대화 자원은 '실현된 맥락(actualized context)'에서 함께 구현된다(Linell, 2009). 대화 자원은 머릿속 지식이나 사전에 기록된 의미가 그대로 사용되는 것이 아니다. 실제 대화 속 실현된 맥락에서 'I-You-We-It' 위치의 자원을 끌어와 '지금-여기'의 상황에 맞게 그 의미를 다시 짜맞춰 가는 과정이 중요하다는 의미다. 따라서 의미 구성은 추상적인 이론에서만 다룰 수 있는 것이 아니라, 실제 대화가 이뤄지는 시공간 속에서 나타나는 '상황적 상호작용(situational interaction)'이다. 같은 단어, 같은 장면이라도 '누가(I) 누구에게(You), 어떤 우리(We)를 전제로, 무엇(It)을 두고 말하느냐'에 따라 전혀 다른 의미망이 형성된다.

독서 토론에서 대화 자원 활용

이전의 독서 토론 연구는 주로 질문 유형, 담화 양상, 혹은 인지적 수준(사실 · 추론 · 비판) 등에 초점을 두었다. 이것은 교사의 질문 전략, 학생 발화의 수준, 활동 효과를 파악하는 데 큰 도움을 주었다. 그러나 이러한 분석만으로는 '누가, 누구와 함께, 그들 간 어떤 맥락상의 자원으로, 의미를 구성하고 있는지', 즉 의미가 형성되는 과정적이고 관계적인 구조를 충분히 드러내기에는 한계가 있다.

이를 보완하고자, 독서 토론 대화에서 대화 자원 활용을 살펴보고자 한다. 'I-You-We-It' 네 요소 활용을 분석하기 위해 다음과 같이 살펴본다.

- 이 발화에서 I는 어떤 위치에 서 있는가?
- 이 발화는 어떤 You(방향, 이해)를 전제하고 있는가?
- 이 발화에서 말하는 We는 누구를 포함하고 배제하는가?
- 이 발화가 다루는 It은 어떤 텍스트 · 장면 · 개념 · 이슈인가?
- 이 I-You-We-It은 발화자들에 의해 어떻게 재구성되고 있는가?

이러한 질문들로 'I-You-We-It'의 관계망을 따라가 보면, 독서 토론에서 의미가 어떤 자원을 통해 어떤 방향으로 형성되고 변형되는지 보다 명료하게 살필 수 있을 것이다.

대화 자원 개념을 독서 토론 맥락에 적용함으로써, 독서 토론은 'I-You-We-It' 자원이 서로 재배치되며 공동 텍스트를 써 내려가는 과정으로 파악할 수 있다.

참고문헌

서미경(2024). 독서토론 대화에서의 의미구성 양상연구 - 대화자원의 기호적 요소활용을 중심으로-. 가톨릭대학교 일반대학원 박사논문.

Bühler, K.(1934). *Sprachtheorie: Die Darstellungsfunktion der Sprache*. Jena: Gustav Fischer.

Du Bois, J.(2007). The stance triangle. In R. Englebretson (Ed.), *Stancetaking in discourse: Subjectivity, evaluation, interaction*. Amsterdam: John Benjamins.

Linell, P.(2009). *Rethinking Language, Mind, and World Dialogically*. Information Age Publishing Inc.

Marková, I.(2003). *Dialogicality and social representations*. Cambridge: Cambridge University Press.

Zittoun, T., Gillespie, A., Cornish, F., & Psaltis, C.(2007). The metaphor of the triangle in theories of human development. *Human Development*, 50, 208~229.

06

상호 사고 대화

협력적 상호작용을 통해 타인을 이해하고 함께 문제를 해결하고 생각하는 활동을 상호 사고라고 한다. 누적 대화와 탐구 대화는 상호 사고를 통해 구축된 상호 정신 발달 영역(IDZ) 안에서 공동 기반 텍스트의 의미망을 확장하는 방식이다.

함께 생각하는 말하기

사람들은 말을 주고받는 과정에서 함께 생각을 움직이며 의미를 구성한다(Mercer, 2008). 머서는 이러한 과정을 '상호 사고(interthinking)'라고 부르며, 사람들이 협력적 상호작용을 통해 서로를 이해하고 문제를 공동으로 해결하며 사고하는 활동으로 설명한다. 판탈레오(Pantaleo, 2007) 역시 '상호 사고'를 언어를 매개로 참여자들이 각자의 생각을 드러내고 연결하면서 수행하는 공동의, 중재된 지적 활동으로 정의한다. 이 관점에서 협력적 상호작용은 이미 정해진 생각을 전달하는 통로가 아니라, 의사소통 과정에서 생각이 조정되고 수정 · 확장되는 재구성 과정으로 본다.

처음부터 완성된 이해를 꺼내 보이는 과정이 아니라, '공저자들이 함께 의미를 다시 써 내려가는 과정'을 공동 의미 구성이라고 할 수 있듯이, '상호 사고'는 그 공동 구성이 사고의 차원에서 어떻게 이루어지는지를 가리키는 개념이다. 같은 텍스트나 과제를 두고 대화 참여자들이 서로의 사고 과정을 말로 드러내고, 서로의 이유와 근거를 확인하며 균형을 맞추며, 생각을 함께 조정해 가고 새로운 통찰을 얻는 실제적인 사고 대화 방식이다.

이런 '상호 사고'는 저절로 이뤄지는 것은 아니다. '상호 사고'가 잘 이루어지는 대화에서는 단지 무엇을 생각했는지뿐만이 아니라 어떻게 함께 그 생각에 이르게 되었는지에 대한 말하기가 이어진다. 그 생각에 이르게 한 이유·근거·예시·비교를 말로 풀어내며, 그 과정에서 자신의 사고 경로를 다른 사람에게 열어 둔다. 상대의 발화를 그저 '맞아요/그러네요'라고 수용하는 데서 멈추지 않고, "그 말이라면 이런 점도 있지 않을까요?", "그 예를 우리 상황에 적용하면 어떻게 될까요?"와 같이 다음 생각을 함께 설계하는 말하기가 이어진다. 예를 들어, "그냥 슬펐어요"에서 멈추지 않고, "슬펐어요. 왜냐하면 이 장면이 예전에 제가 겪었던 어떤 상황이랑 겹쳐 보였거든요"라고 말한다. 이어서 다른 참여자가 "그 경험을 지금 우리가 읽은 인물 상황에 적용해 보면 어떨까요?"와 같이 말하는 것으로 나타난다.

독서 토론을 공동 의미 구성의 장으로 이해할 때, '상호 사고'는 그 장면에서 어떤 대화가 실제로 '함께 생각하기'로 작동하고 있는지를 가늠하는 기준이 된다. 이를 좀 더 구체화하기 위해서 상호 사고의 대화 유형(논쟁 대화·누적 대화·탐구 대화)과 그 대화 유형이 발달하는 상호 정신 발달 영역(IDZ, Intermental Development Zone)에 대해 살펴본다.

상호 정신 발달 영역(IDZ) 구축과 상호 세계

비고츠키(Vygotsky, 1978)의 근접 발달 영역(ZPD, Zone of Proximal Development)은 '혼자서는 아직 할 수 없지만 더 유능한 타자의 도움을 받으면 할 수 있는 영역'을 의미한다. 이 개념은 학습이 혼자만의 활동이 아니라 타자와의 상호작용 속에서 일어난다는 점을 강조한 것이다. 그러나 실제 교육 현장에서는 ZPD가 '교사가 끌어 올려 주는 일방향적 도움'으로 실행되기도 한다. 리틀턴과 머서(Littleton & Mercer, 2013)는 ZPD를 보다 역동적이고 본질적인 대화적 관점에서 다시 설명할 필요가 있다고 보았다.

이에 대한 대안으로 머서(Mercer, 2008)는 '상호 정신 발달 영역' 개념을 제안한다. 상호 정신 발달 영역은 교사와 학생, 혹은 또래들 사이에서 공동 과제를 수행하는 동안 일시적으로 형성되는 대화 공간을 가리킨다. 이 공간 안에서 참여자들은 서로의 이해와 지식, 기대와 목표를 조율하면서 '지금 우리가 무엇을, 왜, 어떻게 하고 있는지'에 대한 공동 지식을 만들어 간다. 이 영역을 머서(Mercer, 2008)는 공동 사고 영역이며 상호 사고가 구축되는 공간이라 보며 참여자들의 지속적인 참여로 유지되고 움직이는 '거품(bubble)'에 비유한다. 그리고 상호 정신 발달 영역이 유지되기 위한 조건을 다음과 같이 제시한다. 구성원들이 공동의 과제나 초점을 명확히 공유하고 있고, 서로의 발화와 행동을 지속적으로 상호 조율하며, '우리가 현재 무엇을 하고 있으며, 그것이 왜 중요한지'에 대한 활동 의미와 목적에 대한 공유된 이해가 지속적으로 유지될 때 상호 정신 발달 영역이 지탱된다. 이 거품은 한번 만들어졌다고 자동으로 유지되는 견고한 구조가 아니다. 공동 활동이 이어지는 동안 유지되는 임시적이고 역동적인 대화 장이다. 그래서 누군가 발언을 독점하거나 대화를 장악해 일방적으로 지시하거나, 평가 중심의 피드백으로 대화를 닫아 버리면 상호 정신 발달 영역 거품은 쉽게 허물어진다. 다시 말해, 상호 정신 발달 영역은 공동 지적 활동을 위해 참여자들이 지속적으로 상호 조절해 가야 유지되는 임시적인 대화의 영역이다.

상호 정신 발달 영역 안에서의 나타나는 상호작용은 '사용', '공동 구축', '변형'이라는 세 단계로 구분해서 생각할 수 있다(Littleton & Mercer, 2013). 먼저 '사용' 단계는 구성원들 각자가 알고 있는 지식, 관련 정보, 문제 해결 전략을 서로 설명하고 듣고 배우고 정보를 공유하는 단계다. 이때 각자가 아는 것을 얼마나 명료하게 말하고, 서로의 말을 얼마나 잘 듣고 기억하느냐가 중요한 점이다. 머서는 이 대화 과정을 '누적 대화(cumulative talk)'라 부른다. 누적 대화는 비판 없이 수용하고 덧붙여 가면서 공동 지식을 점차 두텁게 만드는 공유 대화 양식이다. 여기서 형성되는 공동 지식은 공통 지식과 공통 배경지식으로 구분한다. 공통 지식은 구성원 모두가 알고 있다고 확인 · 인식하는 내용이고, 공통 배경지식은 '말 안 해도 다 알 것'처럼 다른 구성원들과 공유하는 것을 당연하게 여기는 지식을 뜻한다.

두 번째 단계는 '공동 구축' 과정이다. 공동 지식을 기반으로 합리적인 논증 과정으로 제안된 생각을 검토하고, 대안을 모색하며, 잠정적 결론을 도출한다. 이 과정에는 주로 '탐구 대화(exploratory talk)'가 나타난다. 마지막으로 '변형' 단계는 집단 속에서 사용되던 사고방식과 말하기 형식이 개인의 사고 습관으로 옮겨 붙는 과정이다. 구성원은 단지 문제 해결책을 찾는 데 그치지 않고, 어떻게 사고를 효과적으로 공동 조절했는지를 다루며, 그 결과 사회적 지식과 언어를 자기 것으로 만들어 간다. 다시 말해, 집단에서의 말하기 방식이 점차 개인이 사고하고 표현하는 방식으로 변환된다.

이렇게 볼 때, 상호 정신 발달 영역은 '상호 사고'를 실험하고 내면화하는 대화 영역이라고 할 수 있다. 독서 토론에서 형성되는 상호 정신 발달 영역의 질에 따라, 학생들이 경험하는 의미 구성의 깊이도 내면화도 크게 달라진다.

상호 사고 대화 유형

교실 대화에서 상호 사고가 드러나는 대화 유형으로는 '논쟁 대화(disputational talk)', '누적 대화(cumulative talk)', '탐구 대화(exploratory talk)'가 있다(Littleton & Mercer, 2013). '논쟁 대화'는 주로 서로의 의견을 방어하고, 이기는 것에 초점이 맞춰져 있다. 반박이 오가고, 공동 과제보다는 개인 입장 방어에 초점이 맞춰진다. '누적 대화'는 서로의 말을 주로 덧붙이고, 반복하고, 맞장구치며 공감하는 것이다. 비판이나 검토는 약하지만, 공감과 지지, 공통 지식과 같은 공유 경험이 중심이다. '탐구 대화'는 서로 생각의 근거를 검토하면서 더 설득력 있는 이해로 나아가는 것이다. 이유를 묻고, 근거를 제시하고, 서로의 아이디어를 시험해 보면서 공동의 결론 또는 더 나은 이해에 이르려는 대화다.

이 중 독서 토론에서 공동 의미 구성과 밀접하게 연결되는 것은 '누적 대화'와 '탐구 대화'다. 머서는 '탐구 대화'가 상호 사고를 가장 잘 촉진하는 대화 유형이라고 보지만 실제 교실 현장에선 '누적 대화'가 '탐구 대화'를 떠받치는 상호 사고의 기초공사로서 실제적인 역할을 한다는 점을 새롭게 살필 필요가 있다(서미경 · 정옥년, 2022).

공동 기반 텍스트를 쌓는 말하기

'누적 대화'는 겉으로 보면 '비판이 없고, 그저 맞장구치는 말하기'처럼 보일 수 있다. 하지만 공동 의미 구성 관점에서 보면, 누적 대화는 공동 기억과 어휘 만들기, 정서적 안정감과 신뢰 형성, 공동 기반 조성이라는 최소 세 가지 역할을 수행한다.

공동 기억과 어휘 만들기

여러 사람이 같은 장면을 반복해서 언급하고, 서로 '맞아요, 그 부분에서 저도 울컥했어요'라고 말하면서, 참여자들은 같이 기억하는 공동 기억을 쌓는다. 이때 텍스트의 특정 문장, 인물의 말, 상징적 장면이 여러 번 언급되며, 이후 토론에서 다시 참조할 수 있는 공통 텍스트가 형성된다.

정서적 안정감과 신뢰 형성

'누적 대화'는 평가보다 공감과 지지가 앞서기 때문에, 참여자들이 여기선 자기 경험과 감정을 안전하게 꺼내 놓을 수 있다는 분위기를 느끼게 된다. 이는 이후 '다른 의견 내기', '비판적으로 읽어 보기'를 가능하게 하는 정서적 기반이 된다.

공동 기반 조성

"나도 그 장면이 떠올랐어요", "그 말을 듣고 보니, 저도 비슷한 경험이 있어요"와 같은 말들은 상호 주관성을 바탕으로 '공동 기반(common ground)'을 만든다. 공동 기반은 화자, 청자 간에 이미 공유되는 지식 혹은 정보라고 여기는 것으로, 대화 참여자들의 공동 기반이다. 대화가 진행됨에 따라 기존의 공유된 지식에 새로운 지식이 추가되거나 기존 지식이 다른 것으로 수정되는 등 공통 기반은 계속 변한다(박철우 외, 2023). '누적 대화'는 대화 상황에서 지속적으로 구축되는 상호 주관성 성격을 지닌다. 이 과정을 통해 참여자들은 공동 기반을 형성한다. 이후 '탐구 대화'에서 이루어지는 비교, 문제 제기, 개념화는 모두 이 기반 위에서 가능하다. 따라서 '누적 대화'는 '깊이가 부족한 얕은 대화'가 아니라, 상호 사고가 서기 위해 꼭 필요한 기초공사로 보는 편이 낫다. '누적 대화'가 충분히 형성되지 않으면, '탐구 대화'는 허공에 뜬 논쟁이나 단편적인 의견 나열로 흩어지기 쉽다.

의미망 확장과 재구성

'탐구 대화'는 머서가 상호 사고를 가장 잘 드러내는 대화 유형으로 제시한 말하기 방식이다. 이 대화에서 참여자들은 서로의 생각을 비판 없이 받아들이지 않고, 이유와 근거를 드러내며 함께 검토한다. 이때 비판은 공격이 아니라, 함께 더 나은 이해를 찾기 위한 탐구 행위다. 그래서 다음과 같은 특징들이 나타난다.

- 서로의 주장에 대해 이유와 근거를 요청한다.
- 상대의 생각을 공격적이지 않은 방식으로 질문과 비교를 통해 검토한다.
- 자신의 입장을 수정 · 보완할 수 있는 여지를 남긴다.

독서 토론에서 '탐구 대화'는 텍스트의 주제를 서로의 아이디어로 비교하고 종합하면서, 새로운 맥락과 연결해 더 넓은 의미망을 만든다. 예를 들어, 어떤 학생이 '이건 요즘 학교에서 벌어지는 왕따 문제랑도 비슷한 것 같아요'라고 말하면, 주제는 텍스트 속 사건에서 현재 학교 현실로 옮겨진다. 이어 다른 학생이 '그렇다면 피해자 입장에서는 어떻게 느꼈을까요?'라고 묻는다면, 탐구 대화는 관점 전환과 가치 판단으로 심화한다.

상호 사고를 통한 공동 의미 구성

상호 사고의 관점에서 보면, '누적 대화'와 '탐구 대화'는 좋고 나쁜 대화의 구분이 아니라 서로 다른 역할을 담당하는 두 축이다. '누적 대화'는 공동 기억, 공통 어휘, 공유된 경험을 쌓아 올리는 기초 단계다. '탐구 대화'는 그 위에서 이유와 근거를 검토하고, 가설과 비교를 시도하며 의미망을 넓히고 다시 설계하는 단계다.

수업 현장에서 중요한 것은 '탐구 대화'를 최대한 많이 끌어내기'보다는 먼저, '누적 대화'가 충분히 형성되도록 기다려 주고, 다음은 그 기반 위에서 질문과 비교를 통해 '탐구 대화'로 자연스럽게 넘어가는 흐름을 만드는 것이다. 예를 들어, 한 차시의 독서 토론 수업은 다음과 같은 흐름을 가질 수 있다. 처음에는 학생들이 "나도 그 장면이 제일 인상 깊었어", "그때 주인공이 되게 억울했을 것 같아"와 같은 말을 주고받으며 함께 기억하는 장면을 축적하는 누적 대화를 형성한다. 어느 정도 공통 장면과 감정이 모이면, 교사나 진행자가 "왜 그 장면이 그렇게 마음에 남았을까?", "억울함과 불공정함은 어떻게 다를까?"와 같은 이유, 비교, 가치 측면의 질문을 던지면서 '탐구 대화'로 전환한다.

이처럼 '누적 대화'와 '탐구 대화'가 순환하면서 이어질

때, '상호 사고'는 한두 번의 '깊은 질문'으로 끝나는 것이 아니라, 함께 말하고, 서로의 생각을 짜맞추고, 새로운 상황에 적용해 보는 지속적인 공동 사고 대화 연속체로 자리 잡는다.

참고문헌

박철우 외(2023). 『한국어 의미론』. 서울:사회평론 아카데미.

서미경·정옥년(2022). 상호사고관점에서 화상 도구 기반 실시간 독서토론의 언어적 상호작용 양상 분석. ≪학습자중심교육교과연구≫, 22(24), 217~234.

Anward, J.(1997). Parameters of institutional discourse. In B.-L. Gunnarsson, P. Linell, & B. Nordberg (Eds.), *The construction of professional discourse* (pp. 127~150). London: Longman

Littleton, K., & Mercer, N.(2013). *Interthinking: putting talk to work*. Routledge. 김미경·김준경·유미숙 옮김(2019). 『인터씽킹』. 서울:시그마프레스.

Mercer, N.(2000). *Words and minds: how we use language to think together*. London: Routledge.

Mercer, N.(2008). The seeds of time: why classroom dialogue needs a temporal analysis. *Journal of the Learning Sciences*, 17(1), 33~59.

Mercer, N.(2013). The Social brain, Language, and Goal-Directed Collective Thinking: A Social Conception of Cognition and Its Implications for Understanding How We

Think, Teach, and Learn. *Educational Psychologist*, 48(3), 148~168.

Pantaleo, S.(2007). Interthinking: Young Children Using Language to Think. *Early Childhood Education Journal*, 34(6), 439~447.

Vygotsky, L.(1978). *Mind in society* (M. Cole, V. John-Steiner, S. Scribner, & E. Souberman, Eds.). Cambridge, MA: Harvard University Press.

07

대화적 의미 구성의 과정

독서 토론은 여러 단계의 대화를 통해 의미를 형성한다. 독서 토론 대화는 활동을 움직이게 하는 활동 대화와 텍스트 의미를 직접 움직이는 주제 대화로 구분된다.

주제 대화에서는 텍스트 내용과 감정 · 직관을 처음 꺼내는 의미 표현, 핵심 의미를 고르는 의미 선택, 선택된 의미를 재사용 · 수정 · 확장하며 다른 의미와 치환 · 결합 · 재배치하는 의미 형성과 결합 과정이 있다.

활동 대화와 주제 대화

독서 토론 대화는 하나의 목적 달성으로 연결된 대화인 단순 대화가 아니다. 다른 역할을 하는 여러 기능 단계가 이어져 있는 '복합 대화(complex interaction)'다. 복합 대화의 각 기능 단계는 복합 대화의 전체 목적에서 파생된 부분 목적을 가지고 있어 각 기능 단계에서 실현된 목적들이 복합 대화의 목적이 된다(박용익, 2014). 이 기준으로 보면 독서 토론은 겉으로는 모두 '함께 이야기하는 말하기'처럼 보이지만, 기능을 기준으로 나누어 보면 여러 층위가 있다. 활동을 열고 운영하기 위한 말하기, 텍스트를 확인하고 감상을 나누는 말하기, 서로 다른 해석을 고르고 다듬는 말하기, 의미를 묶어 가는 말하기, 수업을 정리하는 말하기 등이 층을 이룬다.

앤워드(Anward, 1997)는 의사소통 과정을 분석하면서 담화 활동을 운영·조정하기 위한 말하기와, 특정 주제 중심으로 함께 사고를 전개하는 말하기로 구분하고, 이를 각각 '활동 대화(activity talk)'와 '주제 대화(topic talk)'라고 불렀다(Linell, 2009). 이 구분은 독서 토론 수업 장면을 단계로 이해하는 데도 유용한다. 활동 대화는 오늘 어떤 활동을 할 것인지 안내하고, 자리를 정하고, 모둠을 나누고, 진행 절차를 공지하고, 가벼운 잡담으로 분위기를 푸는 등의 발화들로 이루어진다. 이 말들은 텍스트 의미를 직접 다루지는 않지만, 주제 대화가 가능하도록 수업의 틀과 공간을 조성하고 관계적 기반을 준비하는 기능을 한다.

주제 대화에서는 텍스트의 사건 · 인물 · 주제를 두고 참여자들이 각자의 이해를 내놓고 조정하는 과정이 나타난다. 실제로 텍스트 의미를 조정하고 확장하는 사유의 말하기로 텍스트 의미 형성 과정이 역동적으로 드러난다. 실제 수업에서는 활동 대화와 주제 대화는 분리되어 등장하지 않고, 활동 안내 속에 잠시 텍스트 주제 논의가 섞이고, 주제 대화 중간에도 활동 조정 발화가 끼어드는 등 서로 혼합되어 나타난다. 그럼에도 이 두 층위를 구분하는 이유는, 교사와 진행자가 '지금 이 대화가 텍스트 의미를 실제로 움직이고 있는가 아니면 그 의미가 움직일 수 있도록 틀을 조정하는 말인가'를 의식적으로 점검할 수 있게 해 주기 때문이다.

이 장에서의 관심은 특히 주제 대화 안에서 의미가 어떻게 단계적으로 형성되는가다. 이를 설명하기 위해 노트두르푸트(Nothdurft, 2006)의 '핵심어-재사용-안정화', 킨트(Kindt, 2006)의 '의미 선택-의미 구성-의미 확장', 필립스(Phillips, 1989)의 '수정 전략'을 참조하여, 독서 토론 의미 구성을 '의미 표현, 의미 선택, 의미 형성과 결합 과정'

으로 정리해 본다(서미경, 2024).

의미를 꺼내는 첫걸음

의미 표현 과정은 독서 토론에서 텍스트와 주제에 대한 자신의 첫 반응을 말로 드러내는 시작 단계다. 이 단계에서 먼저, 각각 참여자들이 텍스트의 기본 내용을 확인하고 반응하는 발화를 주고받는다. "여기서 주인공이 집을 떠난 게 3학년 때였죠?", "마지막 장면에서 아빠가 울잖아요"와 같은 말들은 아직 해석이나 평가를 제시하기보다 사실 확인과 내용 상기 기능을 수행한다. 이는 이후 논의를 위해 필요한 '공유된 내용의 틀'을 만드는 초기 작업이라고 볼 수 있다. 두 번째는 텍스트에 대한 개별적인 감정과 직관, 간단한 평가의 표현이 나타난다. "저는 이 인물이 좀 억울했을 것 같아요", "저는 그냥 나쁜 사람이라고 느꼈어요", "이 이야기는 과학의 위험성을 말하는 것 같아요"와 같은 발화가 여기에 속한다. 여기서는 왜 그런 판단을 했는지에 대한 자세한 근거보다, 느낌, 직관적 평가가 나타난다. 그러나 이런 한마디들이 대화 공간에 펼쳐져 이후 탐구의 출발점이 된다. 세 번째는 경험·배경지식과의 초보적 연결 발화가 나타난다. "예전에 뉴스에서 비슷한 사건을 본 적이 있어요", "제가 겪었던 일이랑 조금 닮아서 더 마음이 갔

어요.” 텍스트의 의미가 참여자의 삶, 다른 텍스트, 사회적 사건과 가볍게 연결되는 부분이다.

의미 표현 단계의 말하기는 ‘누적 대화(cumulative talk)’와 연결된다. 서로의 발화를 반복하고 확인, 덧붙이는 말하기는 ‘우리가 함께 기억하고 있고, 앞으로 다시 꺼내 쓸 수 있는 장면 · 단어 · 경험의 묶음’인 공동 기반 텍스트를 누적시킨다. 의미 표현 과정은 각각의 머릿속에 있던 텍스트 이해를 꺼내서 대화 공간을 채우고 서로 겹치게 올려 두는 과정이다. 이 단계에서 충분히 재료가 쌓여야, 다음 단계인 의미 선택이 가능해진다.

대화의 축이 될 의미 고르기

의미 선택 단계에서는 여러 개로 흩어져 있던 의미들 중, 대화의 중심축이 될 핵심 의미가 서서히 드러나는 단계다. 노트두르프트(Nothdurft, 2006)는 대화에서 어떤 단어나 표현이 반복적으로 등장하면서 점점 더 많은 말들을 모으는 ‘핵심어(Schlüsselwort)’가 형성된다고 보았다(이소영, 2021). 이때 의미는 그 대상을 어떻게 ‘정의하느냐’보다, 실제 상호 행위 속에서 여러 번 다시 거론되고, 다양한 맥락에서 활용되어야만 구체화된다고 설명한다. 예를 들어, 토론 참여자들은 같은 텍스트를 두고도, “용감하다”, “무책임하다", "그냥 어리다"처럼 서로 다른 단어들로 자신의 입장을 말한다. 여기서 '누가 맞는가'를 바로 따지기보다, 어떤 단어나 표현들이 반복해서 등장하고, 재사용되며 모여드는지 지켜보는 것이 중요하다.

킨트(Kindt, 2006)는 의미가 재구성되는 과정을 여러 개의 가능한 의미 중에서 특정한 의미로 좁혀 가는 '의미 선택', 어휘의 본래 의미를 벗어난 '의미 구성', 추론을 통한 '의미 확장'으로 설명한다(이소영, 2021). 다시 말해, 의미 선택은 앞서 표현된 여러 의견 가운데서 대화의 중심을 잡아 줄 핵심 의미(핵심어)를 가려내는 단계다. 이 과정은 대화 주최자가 의도적으로 '핵심어를 정하라'고 요구해서만이 아니라, 참여자들이 대화를 이어 가면서 어떤 단어를 자꾸 다시 불러오는지, 어떤 표현이 논의를 묶어 주는지에 따라 자연스럽게 나타난다.

의미 선택 단계는 '누가 정답인지를 가리는 과정'이라기보다, '어떤 의미가 여러 사람의 발화를 엮어 주는 중심 역할을 맡게 되는가'를 관찰하고 만들어 가는 과정이다. 이 과정이 충분히 이루어졌을 때, 다음 단계에서 선택된 의미를 더 깊이 다듬고 다른 의미와 연결하는 작업을 할 수 있다.

선택된 의미를 다시 엮기

의미 형성과 결합 과정에서는 앞서 선택된 핵심 의미가 부분적 수정 · 보완을 거쳐 새로운 형태로 다시 쓰이고, 다른 의미들과 치환 · 결합 · 재배치를 이루는 과정이 일어난다. 이제 대화는 단순히 '무엇을 느꼈다'를 나열하는 수준을 넘어, 왜 그렇게 느꼈는지, 해석이 어떻게 다른지, 그 차이가 더 큰 의미로 묶일 수 있는지를 탐색하는 방향으로 이동한다. 실제 대화 분석에서는 의미 형성과 의미 결합을 엄밀히 분리하기 어렵기 때문에, 이 장에서는 두 과정을 함께 다루지만, 이론적으로 보면 선택된 의미가 내부적으로 다듬어지는 측면과, 다른 의미와 새로운 네트워크를 이루는 측면으로 구분해서 볼 수 있다.

먼저, 의미 형성 단계에서, 핵심어로 선택된 의미는 대화 속에서 일정한 수준의 공유 지식을 형성하면서, 그 범위와 초점이 계속 조정되며 재구성된다. 예를 들어 '책임'이 핵심어로 선택된 경우, 학생들은 '그 책임이 법적 책임인지, 관계적 책임인지', '아이의 책임과 어른의 책임 비율을 어떻게 볼 것인지'를 놓고 다시 논의하면서, 책임 개념의 내용과 적용 범위를 조금씩 다시 쓰게 된다. 이 과정을 통해 선택된 핵심어 의미의 안정화가 이루어지면서, 그 의미를 둘러싼 이해의 세분화를 가져온다.

의미 결합의 단계에서는, 선택된 의미가 다른 의미들과 새로운 관계를 맺으며 다른 가치나 개념과 결합하며 새로운 의미망을 형성한다. 처음에는 '용기'와 '책임'이 별개의 가치로 이야기되다가, 어느 순간 '진짜 용기란 책임을 피하지 않는 것 아닐까?'라는 발화가 등장하면, 두 의미는 새로운 개념으로 묶인다. 이 과정에서 '용기 = 위험에 맞서는 것'이 아니라 '용기 = 책임에서 도망치지 않는 태도'와 같이 이미 선택된 핵심어를 중심으로 여러 발화를 추상화, 개념화하는 과정이 나타난다. 또는 소설 속 책임으로 출발한 논의가, '요즘 학교에서 친구들을 볼 때와 비슷하다', '우리 사회 채용 방식이랑도 연결되는 것 같다'라고 이어진다면, 책임이라는 의미는 더 이상 텍스트 안에만 머무르지 않고, 학교 · 사회제도 · 세대 경험과 결합하며 넓은 수준에서 재구성된다.

정리하자면, 의미 형성과 결합 과정은 앞 단계들을 포함하는 종합 단계라고 할 수 있다. 의미 표현 과정에서 나온 말들, 의미 선택 과정에서 좁혀진 핵심어들, 그리고 'I-You-We-It '네 자리를 따라 호출된 다양한 대화 자원이 서로 연결하고 조정되면서, '이 대화 공간에서 함께 도달한 이해의 형태'가 만들어진다. 이 과정은 한두 번의 발화로 끝나는 것이 아니라, 여러 차례의 재진술하기, 비교 · 대조하기, 더 높은 수준으로 추상화하기, 다른 맥락에 옮겨 적용해 보기(재맥락화)와 같은 말하기가 반복된다. 그 가운데 형성된 이해는 여러 사람이 함께 조율한 공동 의미에 가깝다.

참고문헌

권순희 외(2018). 『작문교육론』. 서울:사회평론아카데미.

박용익(2014). 『대화분석론』. 서울:현문사.

박철우 외(2023). 『한국어 의미론』. 서울:사회평론 아카데미.

서미경(2024). 독서토론 대화에서의 의미구성 양상연구 – 대화자원의 기호적 요소활용을 중심으로–. 가톨릭대학교 일반대학원 박사학위논문.

이소영(2021). 의미구성이론을 이용한 대화분석의 시도. ≪외국어로서의 독일어≫, 48, 139～161.

Anward, J.(1997). Parameters of institutional discourse. In B.-L. Gunnarsson, P. Linell, & B. Nordberg (Eds.), *The construction of professional discourse* (pp. 127～150). London: Longman

Kindt, W.(2006). Koordinations-, Konstruktions- und Regulierungsprozesse bei der Bedeutungskonstitution: Neue Ergebnisse der Dynamischen Semantik. In A. Deppermann & T. Spranz-Fogasy (Eds.), *be-deuten: Wie Bedeutung im Gespräch entsteht*(2nd ed., pp. 34～58). Stauffenburg Verlag.

Linell, P.(2009). *Rethinking Language, Mind, and World Dialogically*. Information Age Publishing Inc.

Littleton, K., & Mercer, N.(2013). *Interthinking: putting talk to work*. Routledge. 김미경·김준경·유미숙 옮김(2019). 『인터씽킹』. 서울:시그마프레스.

Mercer, N.(2013). The Social brain, Language, and Goal-Directed Collective Thinking: A Social Conception of Cognition and ItsImplications for Understanding How We Think, Teach, and Learn. *Educational Psychologist*, 48(3), 148~168.

Nothdurft, W.(2006). Embodiment und Stabilisierung – Prinzipien interaktiver Bedeutungskonstitution. In A. Deppermann & T. Spranz-Fogasy (Eds.), *be-deuten: Wie Bedeutung im Gespräch entsteht*(2nd ed., pp. 59~72). Stauffenburg Verlag.

Phillips, L. M.(1989). Young Readers' inference strategies in reading comprehension. *Cognition and Instruction*, 5(3).

08

독서 토론에서 촉진자 역할

독서 토론에서 교사는 '정답을 판정하는 사람'이 아니라, 대화를 굴러가게 만드는 촉진자다. 대화적 관계 맺기, 비계 설정의 대화적 적용, 상호 정신 발달 영역을 유지 · 복원하는 전략을 중심으로, 학습자를 동등한 대화 주체로 세우는 것이 촉진자의 역할이다. 각자의 발화가 안전하게 오가며 서로에게 누적되도록 돕는 구체적 언어 및 관계 기술도 촉진자에게 필요한 능력이다.

대화적 관계 맺기

독서 토론에서 대화 촉진자는 '더 많이 아는 사람'이나 '정답을 알고 있는 심판'이 아니다. 말이 오가고 서로 이어지도록 대화의 장을 설계하고 서로의 발화가 연결되도록 관계를 조율하는 사람이다. 이것을 리넬(Linell, 2009)은 '대화적 관계(dialogical relationship)' 맺기라고 했다. 대화적 관계 맺기는 학생을 '정답을 맞히는 학습자'가 아니라, '함께 의미 구성하는 동등한 대화 주체'로 바라보는 시선부터 시작한다. 그래서 촉진자는 학생의 발화를 '옳고 그름'의 기준으로 먼저 평가하거나 판단하지 않는다. 그 말이 어떤 맥락에서 나왔는지, 그 말이 다른 생각을 어떻게 불러올 수 있는지, 그 말이 나오게 된 배경과 이유는 무엇인지, 그 뒤에 어떤 경험 · 감정 · 전제가 깔려 있는지를 먼저 묻고, 그 말 위에 다른 관점이 얹힐 수 있게 해 준다.

대화적 관계를 맺기 위해 고려할 중요한 두 축은 '응답 가능성(answerability)'과 개방성이다. 응답 가능성은 타인의 발화에 끊임없이 반응해 주고 그 반응이 다음 발화에 미칠 영향을 고려하는 태도다. 개방성은 의견 차이를 긴장이나 갈등으로 보기보다는 의미를 넓히는 대화로 보는 관점이다. 이 두 축은 고정된 해석을 내려놓고, 자기 생각 역시 수정될 수 있다고 생각하는 열린 자아, 곧 대화적 자아의 태도를 유지하는 것을 전제로 둔다.

실제 독서 토론에서는 이 두 축의 '대화적 관계 맺기' 태도를 구체적으로 보여 주어야 한다. 먼저, '난 정답을 이미 알고 있어'라는 전제 대신, 독서 토론 속에서 자신의 이해도 해석도 언제든지 수정될 수 있다는 열린 태도를 보여 주도록 설계한다. 독서 토론 전에 이미 형성된 참여자 간의 대화 관계를 파악하고, 특정 학생이 발언을 독점하지 않도록 발언 기회를 조율해 준다. 토론 후에는, '오늘 우리 대화에서 새로 생긴 생각이 무엇이었는지'를 함께 돌아보며 타인의 발언을 다시 상기하는 태도를 보인다. 또, 참여자의 말에 바로 즉각적인 평가를 하는 대신에 "그렇게 읽게 된 이유가 궁금하다", "지금 말에 공감해", "방금 말한 것과 어떻게 이어지는지 같이 생각해 보자"와 같은 개방적이고 수용적인 반응을 해 준다. 이런 열린 태도는 자신이 존중받는 화자라는 느낌이 들게 한다.

하지만 대화 촉진자의 개방적이고 수평적 관계 맺기 태도는 타인의 의견을 무조건 받아들이는 감정적 공감은 아니다. 촉진자 태도는 참여자들 차이로 긴장된 애매한 대화 과정을 열린 마음으로 관찰하고 수용하며 그들 서로에게 도움이 되는 방향으로 조율 관계를 형성해 나가는 것이다. 여기서 '조율'은 하나로 통일하는 '동의'나 '합의'를 끌어내는 것이 아니다. '존중 · 신뢰 · 유대감 · 결속력' 등과 같이 사회적 관계 맺기를 고려하는 것으로 개인의 예의범절 성향이나 형식적인 규칙을 지키는 것을 넘어 우호적 의사소통 관계를 활용하는 것이다.

우호적 의사소통 관계는 대화의 화용론적 조건에 영향을 받는다. 대화에 대한 부담감이나 친밀감과 같은 분위기, 참여자들의 사회적 권한 및 지위, 대화 참여자들의 다양한 언어문화와 상황 맥락 등이 그 조건이다. 이때 중요한 것은 이 영향을 주는 조건들을 서로 우호적으로 바라보게 하는 균형 감각이다. 레이코프(Lakoff, 1973)는 공손성 규칙이란 '존댓말을 잘 쓰는 것' 정도가 아니라, 상대에게 체면 손상을 주지 않으면서도 자기 생각을 분명히 말할 수 있는 관계 기술인 '격식성, 존중성, 친밀감'이라고 했다(박철우 외, 2023). 상대방과 적절한 거리를 유지하라는 격식성, 상대에게 선택권을 주는 존중성, 친근한 표현을 하는 것이 친밀감이다. 대화 촉진자는 이러한 공손성의 원리를 바탕으로 차이를 확인하고 응답을 요청하며 감사를 표현한다. 만약, 화자들 사이에 비난이나 조롱, 딴청이 나타나면 즉각적으로 독서 토론을 위해 약속된 규범을 상기시키며, 동시에 지적받은 당사자가 과하게 위축되지 않게 발언 기회를 다시 열어 주는 등 균형을 잡는다. 바로 이런 공손성 규칙 아래서 균형을 잡는 언어 선택, 표정, 반응의 조율을 통해 대화적 관계가 유지되고 복원된다.

비계 설정 원리 적용

'비계 설정(scaffolding)'은 학생이 혼자서는 도달하기 어려운 이해 수준에 도달하도록 돕는 상호작용적 특징을 가진 지원이다. 반 데 폴(Van de Pol, 2010)에 따르면 교사-학생 상호작용에서 비계 설정의 핵심을 '부수성(contingency)'-'점진적 감소(fading)'-'책임 이양(transfer of responsibility)'으로 정리한다.

먼저 '부수성'은 학생 수준에 맞춘 도움이다. 학생의 현재 이해 수준을 면밀히 파악한 뒤, 그보다 약간 높은 수준에서 질문을 던지거나, 발화를 정리해 주거나, 텍스트의 중요한 내용을 상기시키는 방식으로 도움을 제공해 주는 것이다. 이때 비계는 고정된 정해진 절차로 이뤄지는 것이 아니라, 학생 반응에 따라 수시로 조정되는 가변적인 과정이다. 이 도움이 효과를 거두면, 같은 도움을 반복하지 않고, 힌트의 양과 강도를 줄이는 '점진적 감소'를 실행한다. 그리고 자신의 말하기와 해석 책임을 점차 학생에게 넘기는 '책임 이양'을 점차 실행해 학생 스스로가 텍스트를 다루는 주체로 서게 한다. 그래서 비계를 '무조건 많이, 친절하게, 자세히' 제공하는 것이 좋은 방법은 아니다. 비계 설정을 직접적인 수업 전략이나 일방적인 교수법으로 강조하여 사용한다면, 학생은 교사 발화에 끌려가는 수동적 존재로 축소될 위험이 있다(서미경, 2024). 비계는 교사 중심 교수 전략이 아니라, 학생과 교사가 함께 조정하는 역동적 대화 관계로 바라볼 필요가 있다.

비계는 한쪽이 일방적으로 설치해 주는 구조물이 아니라, 서로의 발화와 반응 속에서 계속 세워졌다 허물어지는 가변적인 발판이다. 따라서 독서 토론에서 대화 촉진자는 정답을 안내하는 사람이 아니라, 참여자 간의 언어와 생각을 서로 쌓아 조금씩 더 높은 수준으로 갈 수 있게 하는 발판을 조절하는 사람이다. 화자가 말한 것을 정확히 들어주고, 그 말에서 다음 걸음을 만들 수 있는 여지를 파악하고, 그 여지를 열어 줄 질문과 재언급, 추가 자료 제시 등을 통해 다음 발화로 이어지게 하는 것을 구체적인 비계 설정으로 고려할 수 있다.

대화를 유지하는 전략과 기본 규칙

머서(Mercer, 2008)의 상호 정신 발달 영역(IDZ, Intermental Development Zone)은 참여자들이 서로의 발화를 기억하고 공유하며, 그것을 디딤돌 삼아 새로운 생각을 만들어 내는 공동 대화 공간을 말한다. 이 공간은 한번 만들어 놓았다고 자동으로 유지되지 않는다. 교사의 성급한 정답 제시, 소수 학생의 독점 발언으로도 쉽게 무너질 수 있는 거품에 가깝다. 따라서 대화 촉진자는 대화를 위해 '어떻게 공간을 구성하고 유지할 것인가'를 설계해야 한다.

첫째, 토론 초반에 기본 대화 규칙을 학생들과 함께 합의한다. 리틀턴과 머서(Littleton & Mercer, 2013)는 '모든 관련 정보를 나누기, 모든 구성원이 말할 기회를 갖도록 하기, 서로의 의견을 존중하기, 자신의 견해에 이유를 붙여 말하기, 의문과 대안은 분명하고 협상 가능하게 제시하기, 결론을 내리기 전에 모두의 동의를 구하기'와 같은 규칙을 함께 정하라고 제시한다. 이 규칙은 교사가 공지하는 것이 아니라, 학생과 함께 만든 '약속'이라는 점이 중요하며 수업 중간중간 짧게 상기시키는 것이 필요하다.

둘째, 대화가 흐트러질 때 공동 초점을 다시 세우는 개입을 한다. 이것은 대화가 농담이나 잡담으로 흩어지거나, 소수의 학생만 말하는 방향으로 간다면, "지금 우리가 같이 보고 있는 장면은 어디였지?", "방금 이야기들을 모아 보면, 무엇이 우리한테 중요한 쟁점인 것 같니?"와 같은 촉진자의 개입이 필요하다. 이런 개입은 정답을 제시하는 것이 아니라, 대화의 장을 다시 정비하는 '조율'이다.

대화 촉진자의 기본 임무는 '각자의 생각이 자유롭게 오가되, 서로에게 책임 있게 응답하고, 긴장과 갈등도 안전하게 다뤄질 수 있는' 인지적인 안전지대로 IDZ를 유지하는 데 있다. 그래서 독서 토론에서 대화 촉진자의 안전지대 유지를 위한 적절한 개입은 차이가 있는 참여자들이 함께 의미를 재구성하고 사유의 범위가 넓어지는 공동의 탐구 관계로 자리 잡게 한다.

참고문헌

박영순(2007). 『한국어 화용론』. 서울:박이정.

박철우 외(2023). 『한국어 의미론』. 서울:사회평론 아카데미.

서미경·정옥년(2022). 상호사고관점에서 화상 도구 기반 실시간 독서토론의 언어적 상호작용 양상 분석. ≪학습자중심교육교과연구≫, 22(24), 217~234.

서미경(2024). 독서토론 대화에서의 의미구성 양상연구 - 대화자원의 기호적 요소활용을 중심으로-. 가톨릭대학교 일반대학원 박사학위논문.

Lakoff, R. T.(1973). The logic of politeness; or, minding your p's and q's. In C. Corum, T. C. Smith-Stark, & A. Weiser (Eds.), *Papers from the Ninth Regional Meeting of the Chicago Linguistic Society*(pp. 292~305). Chicago Linguistic Society.

Littleton, K., & Mercer, N.(2013). *Interthinking: putting talk to work*. Routledge. 김미경·김준경·유미숙 옮김(2019). 『인터씽킹』. 서울:시그마프레스.

Mercer, N.(2008). The seeds of time: why classroom dialogue needs a temporal analysis. *Journal of the Learning Sciences*, 17(1), 33~59.

Mercer, N., Hennessy, S., & Warwic, P.(2019). Dialogue, thinking together and digital technology in the classroom: Some educational implications of a continuing line of inquiry. *International Journal of Educational Research*, 97, 187~199.

Van de Pol(2010). Scaffolding in Teacher-Student Interaction: A Dacade of Research. *Educ Psychol Rev*, 22, 271~296.

Vygotsky, L.(1978). *Mind in society* (M. Cole, V. John-Steiner, S. Scribner, & E. Souberman, Eds.). Cambridge, MA: Harvard University Press.

09

독서 토론 수업 모니터링

독서 토론 수업은 '의미 표현-의미 선택-의미 형성과 결합'이라는 틀로 설계하고, 평가할 필요가 있다.

잠재적 사회문화 자원과 공동 기반 텍스트를 미리 파악하고, 대화 자원 활용을 유도하는 질문과 비계 설정, 상호 사고 발화 전략을 통해 '어디까지 함께 의미를 움직였는가'라는 기준으로 수업을 점검하고, 조율해야 한다.

의미 구성 단계

의미 구성은 의미 표현, 의미 선택, 의미 형성과 결합의 단계를 거치면서 이루어진다. 먼저 의미 표현 단계에서 학생들은 텍스트에 대한 각자의 반응과 경험, 감정, 판단을 말로 꺼낸다. 그리하여 개별적인 반응들이 대화의 재료가 되어 대화 공간에 흩어져서 나타난다. 다음은 의미 선택 단계다. 의미 표현에서 올라온 여러 의견 가운데 공동 대화의 중심축이 될 핵심 의미와 핵심어가 점차 드러난다. 특정 의견이나 표현이 참여자 간에 반복적으로 사용되어 핵심어의 범주가 좁혀진다. 마지막으로 의미 형성과 결합 단계다. 선택된 의미들을 수업 내내 재사용 · 수정 · 확인 · 공유하면서 공동 의미를 형성한다. 의미들이 서로 연결 · 대조 · 재배치되면서 잠정적인 결론이나 정리 문장, 또는 더 넓은 맥락의 의미로 묶어진다.

실제 수업에서 이 단계들은 1단계→2단계→3단계→4단계처럼 일방향으로 한 번만 통과하는 직선적인 구조로 나타나지 않는다. 활동 안내를 위한 '활동 대화(activity talk)'와 텍스트 내용을 건드리는 '주제 대화(topic talk)'는 수시로 섞이고, 의미 표현과 의미 선택이 동시에 일어나기도 하며, 의미 형성과 결합이 충분히 일어나기도 전에 시간이 끝나 단순 나열에 머무르기도 한다. 또 교사의 정리 발언이나 질문 전환으로 흐름이 멈추거나, 어떤 단계가 충분히 깊게 진행되지 못한 채 건너뛰어지기도 한다. 그럼에도 의미 구성 단계를 나눠 살피는 것은, 교사가 '지금 이 말하기는 의미 구성의 어느 지점에 서 있는가', '우리는 지금 어디까지 함께 왔고, 어디에서 막혀 있는가'를 진단할 수 있는 질문을 던질 수 있는 기준을 제공하기 때문이다.

교사는 상황에 맞게 다음과 같은 조정을 할 수 있다. 의미 표현이 충분하지 않을 경우는 정답을 재촉하는 질문보다, 더 많은 학생이 자기 생각과 경험을 꺼내게 하는 개방형 질문, 공감형 질문을 쓴다. "처음 읽었을 때 어떤 장면이 가장 많이 떠올랐니?", "이 이야기를 읽고 가장 먼저 떠오른 말은 뭐였어?"처럼 반응을 편하게 꺼낼 수 있는 질문을 배치한다. 반대로 발화는 많은데 의미 선택이 모호한 경우는 "지금까지 나온 말 중에서 우리가 계속 다시 쓰고 있는 말은 무엇인가요?", "이야기의 중심에 놓고 싶은 단어나 문장을 하나 꼽아 본다면?"과 같은 질문으로, 공동 대화의 중심축이 될 핵심 의미・핵심어를 부각할 수 있는 질문을 던진다. 또, 의미 형성과 결합이 얕은 수준에 머무를 경우는 "다른 예를 가져와 보면 어떨까?", "이걸 다른 관점에서 보면 어떻게 바뀔까?", "지금 우리 삶이나 교실에 대입하면 어떤 상황이 떠오르니?"와 같은 탐구형 질문을 사용하여 이미 선택된 의미를 더 깊게 다룰 수 있는 이끄는 질문을 한다. 의미 구성의 과정을 의식하는 것은, 독서 토론 수업을 설계하고 수업을 조율하고 조정하는 데 중요한 실천적 기반을 제공할 수 있다.

잠재적 사회문화 자원 파악

독서 토론 수업에서 우선 확인해야 할 것은 수업 전 잠재적 사회문화 자원을 미리 파악하는 일이다. 독서 토론에서 의미는 텍스트 안에 머물지 않고 교과서에 쓰인 개념 정의나 정답 지식보다, 자신들이 경험한 학교 문화, 가정 환경, 미디어 담론, 사회 이슈와 엮이면서 사회적 의미로 확장된다. 이때 문제는 학생들 간에 이러한 사회문화 대화 자원이 얼마나 공유되어 있는지에 따라 대화의 깊이가 달라진다는 점이다. 관련 사회문화 지식이 공유되지 않은 상태에서 바로 사회 문제 관련 논의로 넘어가는 경우, 토론은 소수 학생의 의견으로 편향되거나 피상적인 의견 나열로 끝날 가능성이 크다. 반대로 매우 익숙한 사회문화 지식만 반복되는 경우에도 텍스트가 가진 주제의 특수성이 사라지고 보편적인 가치를 답습하는 상투적인 대화가 오갈 수 있다.

따라서 수업 설계 시 교사는 다루려는 텍스트와 주제가

어떤 사회문화적 자원을 불러올 수 있을지를 미리 생각해 보는 것이 좋다. '사용하려는 이 텍스트가 '경쟁, 성적, 공정성, 가족 구조 변화, 돌봄, 노인 · 아동 문제, 온라인 문화, 따돌림, 젠더 이슈' 등 어떤 사회문화 자원과 연결될 수 있는가? 학생들이 이미 언론이나 사회관계망서비스(SNS), 일상 대화에서 접했을 만한 사회문화 자원은 무엇인가?' 등과 같이 잠재적 사회문화 자원을 예상한 뒤, "요즘 우리 사회에서는 이 문제를 어떻게 다루나요?", "여러분 또래 입장에서 이 장면을 보면 어떤 느낌이 들어요?"와 같은 질문을 던져서 학생들이 그 자원을 의식적으로 대화 공간에 끌어올 수 있는 질문과 활동을 함께 설계한다.

공동 기반 텍스트에 대한 수용적 태도

교사는 잠재적 자원을 파악 후, 학생들이 구성한 공동 기반 텍스트를 인식하고 그것을 수용하려는 자세가 필요하다. 공동 기반 텍스트는 독서 토론에 참여한 참가자가 함께 기억하고 있고 이후 다시 꺼내 쓸 수 있는 장면 · 단어 · 경험이 쌓여서 형성된 것을 말한다. '맞아요', '저도요'와 같은 말로 서로의 경험을 수용하고 쌓는 누적 대화는 언뜻 보면 새로운 정보가 적어 보이고, 비판도 부족해 보여서 '얕은 대화'처럼 느껴질 수 있다. 하지만 공동 의미 구성의 관점에서는, '우리 모두가 알고 있다'라고 확인한 내용, 말하지 않아도 '당연히 공유된 것'으로 전제되는 대화 등 공동 기반 텍스트를 만들어 가는 중요한 대화다.

그래서 교사에겐 수업 중 이 공동 기반 텍스트를 단순한 '이미 나온 이야기'가 아니라, 이후, 의미 선택과 의미 형성의 기반으로 인정하고 수용하는 태도가 필요하다. 같은 이야기가 반복되더라도 "그 얘기 아까 했지?"라고 잘라 버리기보다, "여러 번 반복해서 나오니, 그 장면이 중요한가 보다. 이유가 뭘까?", "여기서 우리가 계속 반복해서 말하는 의미가 뭐예요?"처럼 그 반복 자체를 판단 없이 수용할 수 있어야 한다. 이런 수용적 자세로 '지금 우리는 어떤 공동 기반 텍스트를 쌓아 가고 있는지'를 분명하게 포착할 수 있고, 뒤에 나올 의미 선택과 형성 단계에서 그 장면·단어가 자연스럽게 공동의 중심축으로 떠오를 수 있다.

대화 자원 활용을 고려한 발문 설계

독서 토론 수업을 위해 대화 자원(I-You-We-It)을 고려한 질문을 미리 설계하는 것은 중요하다. 각 대화 자원의 발화는 대화 중 네 가지 자리 가운데 어느 한 곳, 혹은 여러 자리를 동시에 건드린다.

- 지금 이 말은 어떤 입장에서 하는 말인가?(I)

- 이 말은 누구에게 건네는 말인가?(You)
- 이 토론에서 자꾸 등장하는 '우리'는 누구를 가리키는가?(We)
- 우리가 계속 이야기하고 있는 '이 문제(It)'는 처음 텍스트와 어떻게 같고, 어떻게 달라졌는가?(It)

질문을 만들면서, 교사는 이 질문이 주로 어떤 자원을 불러오는가를 점검해 볼 수 있다. 또, 의미 구성 단계 중 어떤 단계에 설계할지도 한번 살펴볼 수 있다. 예를 들어

- I 자원을 여는 질문

"너는 이 인물의 선택을 어떻게 느꼈니?","이런 경험, 비슷하게 해 본 적 있니?", " 소감을 말해 볼까?" → 개인의 입장 · 감정 · 경험을 꺼내게 하므로 의미 표현 단계에 적합하다.

- You 자원을 여는 질문

"누구의 말에 공감하니?", "방금 상대는 어떤 말을 했니?", "아까 누가 말한 것과 비교하면 어때?", "지금 나온 의견 중에서 누구 말에 특히 동의하거나, 질문이 생기니?" → 서로의 발화를 다시 부르고(재언급) 비교하게 하여, 상호 참조

를 강화해 의미 선택과 형성 단계를 열어 준다.

• It 자원을 여는 질문

"텍스트 어디에서 그런 근거를 찾을 수 있을까?", "이 장면을 하나의 개념으로 뭐라고 할 수 있을까?", '기억나는 다른 텍스트는 없니?' → 텍스트, 개념 자체를 불러와 '무엇에 대해 말하는가'를 분명히 하며 공동 기반 텍스트의 색을 선명하게 하는 효과가 있다.

• We 자원을 여는 질문

"우리 사회에서는 이런 상황을 어떻게 보는 것 같니?", "우리 또래 입장에서 이 문제는 어떤 의미가 있을까?" → 논의를 사회문화적 층위로 확장해, 의미 결합과 가치 탐구를 촉진한다.

수업 설계 단계에서 교사는 '오늘 수업에서 I-You-We-It 자원을 최소 한 번씩은 충분히 사용해 보겠다'와 같은 목표를 세워 볼 수 있다. 이를 통해 자신의 의견과 입장인 I와 텍스트 내용인 It만 반복되고, 사회문화적 자원인 We와 재언급이 거의 나타나지 않는 예시와 같이 특정 자원만 나타나는 편향된 대화 구조를 예방하는 데 도움을 줄 수 있다.

대화 자원 재사용 전략

학생들이 사용한 대화 자원을 교사가 다시 언급하는 것은 독서 토론을 촉진하는 데 많은 도움이 된다(서미경, 2024). 교사는 학생의 말을 재언급하기도 하고 책 내용을 재언급하기도 하며, 이 둘을 연결하기도 하며 의미 구성 과정을 촉진하는 비계를 설정한다. 대표적인 유형을 나눠 보면 다음과 같다.

첫째, 학생 발화를 재정리하며 발언을 요청하는 대화다. 교사는 "누구는 이렇게 말했지?", "지금 말한 걸 정리해 보면 …"과 같이 학생의 말을 공식적으로 다시 언급한 뒤, 다른 학생에게 "이 의견에 동의해? 다르게 생각하는 사람?"과 같이 추가 발언을 요청한다. 이는 학생 발화를 공적인 공동 텍스트로 올려 놓고 다른 학생이 발언을 이어 가게 한다.

둘째, 학생 의견을 확인해 주는 재언급이다. 교사는 학생의 말을 되묻거나, "그러니까 네 말은 이 인물이 사실은 더 두려웠을 수도 있다는 거지?", "내가 이해하기로는, 너는 그것을 중요하다고 보는 거네?"와 같이 학생의 의견을 언급해 확인 질문을 던진다. 이는 발화 내용을 명료화할 뿐 아니라, 그 학생이 존중받는 존재라고 느끼게 해 대화 참여를 촉진한다.

셋째, 소수 의견을 재언급하며 균형감 있는 대화 상황을 구성한다. 교사는 다수 의견과 다른 입장을 가진 학생의 말을 의도적으로 다시 꺼내며, "아까 누구는 조금 다른 이야기를 했지", "그 의견 이렇게 말했었지? 다시 들어 볼까"와 같이 다수 의견과 다른 시각이 묻히지 않도록, 소수 의견을 장면 중앙에 다시 배치한다. 여기서 중요한 점은, 교사가 그 의견의 옳고 그름을 평가하기보다는, 그 의견이 계속 발언될 수 있는 공간을 지지한다는 자세를 견지하는 것이다. 이것은 소수와 다수 의견에 구애받지 않는 '균등한 대화 분위기'를 조성한다.

넷째, 학생들이 나열한 단어를 재언급해 상위 개념으로 정리해 준다. 교사는 학생 발화를 듣고 "이건 결국 이것이라는 거지?", "이런 걸 무엇이라고 부를 수 있지?"와 같이 유사 개념이나 상위 개념을 제시한다. 이것은 학생 개별 발화를 더 넓은 주제 의미망 안에 위치시키는 효과가 있다. 또, 텍스트 내용끼리 재언급하며 연결해 의미를 확장하는 대화도 해당한다. 교사는 "이 장면 말고 몇몇 장면에서는 어땠지?", "그 생각을 뒷부분에서도 찾을 수 있을까?"와 같이 책의 다른 부분으로 이동시킨다. 특정 장면에 고정된 해석을 책 전체의 맥락 속에서 재구성하도록 돕는다.

다섯째, 텍스트의 발췌나 페이지를 직접 언급하며 구체

적인 근거를 공유시킨다. 교사는 "52쪽 마지막 문장 한번 다 같이 읽어 볼까?", "그 장면이 몇 쪽에 있지?"와 같이 구체적 페이지나 내용을 지목해 학생들이 근거를 텍스트에서 찾도록 유도한다. 학생들은 텍스트의 막연한 인상 대신 텍스트의 세부 내용을 근거로 삼는 연습을 하게 된다. 이와 같은 재언급 전략은, 학생들의 발화가 흘러가 버리는 말로 끝나지 않고, '여럿이 함께 쓰는 공동 텍스트'가 되도록 역동적으로 촉진하는 기제이자 학생들의 의견으로 대화 공간을 균등하게 유지하게 하는 기제다.

상호 사고 대화를 여는 실제 발화 전략

'상호 사고(interthinking)'는 '함께 말하면서 함께 생각하는 활동'이다. 같은 책을 가지고 토론하더라도 촉진자의 발화 방식에 따라 대화 유형은 논쟁 · 누적 · 탐구 대화 중 어느 쪽으로든 옮겨질 수 있다. 따라서 교사는 의미 구성에 효과적인 상호 사고를 촉진하는 발화를 설계해야 한다. 여기서는 교사가 활용할 수 있는 상호 사고 발화 전략을 몇 가지 유형으로 정리해 본다.

첫째, 공동 초점을 세우고 수시로 확인하는 발화다. 교사는 "지금 우리가 함께 붙잡고 있는 장면이 어디인지", "이야기의 쟁점이 무엇인지"를 중간중간 말로 정리해 준다. 예를 들어 "지금까지 이야기를 모아 보면, 우리가 제일 많이 돌아보는 건 이 인물의 선택이 공정했는지 아닌지 같네요"와 같이 말해 주면, 대화의 흐름이 옆길로 새지 않도록 초점을 다시 세워 주는 역할을 한다.

둘째, 누적 대화를 인정하고 더 확장하는 발화다. "여러분이 공통으로 언급한 장면은 무엇인가요?", "그 장면이 왜 모두에게 중요하게 느껴졌나요?"와 같은 질문을 통해, 비슷한 장면과 감정을 나누는 학생들의 발화를 '그냥 공감과 맞장구'가 아니라 공동 기반 텍스트로 끌어올린다. 이어서 "여러 친구가 같은 부분을 중요한 장면으로 꼽았네요. 그만큼 우리에게 뭔가를 남겼다는 뜻일 텐데, 그 이유를 조금만 더 파고 들어가 볼까요?"와 같은 말로 누적된 그 위에 탐구 대화가 시작하게 한다.

셋째, 탐구 대화로 전환하는 질문이다. 상호 사고를 여는 질문은 정답을 요구하기보다 고차원 사고를 요청하는 질문이다. "그렇게 느낀 데에는 어떤 장면이나 말이 특히 영향을 주었나요?", "누구의 말과 누구의 말은 어디에서 같고, 어디에서 갈라지는 것 같나요?", "다르게 읽는다면 어떤 해석이 가능할까요?", "이 장면을 우리 교실이나 지금 사회와 연결해 보면 어떤 문제가 떠오르나요?"와 같은 질문은 이유 · 근거 · 비교 · 가설을 말하게 하여 학생이 이미 말한 내용을 디딤돌 삼아 고차 사고가 동원되는 대화로 한 단계 더 나아가게 한다.

넷째, '재언급'과 '재맥락화(recontextualization)'를 촉진하는 발화다. 교사는 "아까 누가 한 말을 떠올리면서, 지금 이야기를 같이 들어 볼까요?", "이 장면을 지난번에 읽었던 다른 책의 어떤 장면과 비교해 볼 수 있을까?"와 같은 질문으로 학생들의 발화를 서로 엮고, 텍스트-다른 텍스트-경험 사이를 오가게 한다. 이를 통해 학생 간 사고가 서로 연결된 '대화망(network)'을 형성한다.

마지막으로, 교사는 수업 진행을 위한 메타 대화 전략을 사용한다. 수업 초반에는 '서로의 생각에 이유를 붙여 말하기', '다른 사람 말을 들을 때 왜 저렇게 읽었을까를 먼저 생각해 보기', '토론하다 생각이 바뀌면 그걸 말해 주기'와 같은 규칙을 함께 정한다. 토론 중간에는 "혹시 지금은 이유를 너무 빨리 생략하고 있지는 않을까?", "이야기를 듣고 생각이 달라진 사람 있으면 나눠 줄래?"를 묻는다. 진행 전체 과정에서는 학생의 발화를 다시 정리해 주기 위한 전략을 쓴다. "누구의 말은 이 인물이 외로웠다는 점인가요?", "제가 이해한 바로는 이렇게 들리는데, 맞나요?"와 같은 발화는 대화의 규칙·방향·균형을 점검하면서도 학생들의 발화 의미를 명확하게 하여 서로의 이해를 돕는다.

참고문헌

서미경(2024). 독서토론 대화에서의 의미구성 양상연구 – 대화자원의 기호적 요소활용을 중심으로–. 가톨릭대학교 일반대학원 박사학위논문.

서미경·정옥년(2022). 상호사고관점에서 화상 도구 기반 실시간 독서토론의 언어적 상호작용 양상 분석. ≪학습자중심교육교과연구≫, 22(24), 217~234.

Linell, P. (2009). *Rethinking Language, Mind, and World Dialogically*. Information Age Publishing Inc.

Littleton, K., & Mercer, N.(2013). *Interthinking: putting talk to work*. Routledge. 김미경·김준경·유미숙 옮김(2019). 『인터씽킹』. 서울:시그마프레스.

Short, K., Kaufman, G., Kaser, S., Kahn, L. H., & Crawford, K. M.(1999)."Teacher–Watching": Examining Teacher Talk in Literature Circles. *Language Arts*, 76(5), 377~385.

Vygotsky, L. S.(1986). *Thought and Language*(A. Kozuhn,Trans.). Cambridge. MA: MIT Press. 배희철·김용호 옮김(2011). 『비고츠키의 생각과 말』. 서울:살림터.

10

독서 토론 대화의 의미 구성 분석 사례

초등학생의 실제 독서 토론 대화에서 '의미 표현 · 선택 · 형성'의 의미 구성 단계를 거치면서 대화 자원이 사용된 양상을 분석했다.
대화에서는 수용적 의미 형성과 대립을 매개로 한 다성적 의미 형성이 모두 나타났다.
수용적 의미 형성은 이미 존재하는 지식 · 규범 · 해석을 넓게 연결해 의미의 범위를 확장하는 데 강점이 있는 반면에, 대립을 매개로 한 다성적 의미 형성은 여러 관점을 조정하고 재배치해 의미 구조를 응집력 있게 재구조화한다는 강점이 있다.

연구 맥락과 분석 틀

사례 분석의 초점은 독서 토론 대화에서 의미 구성에 관여하는 '대화 자원(discursive resources)'이 의미 표현-의미 선택-의미 형성 및 의미 결합의 각 단계에서 어떤 양상을 나타내는지 살펴보는 데 있었다.

초등학교 4학년을 대상으로 한 독서 토론 수업에 두 팀(A팀, B팀)이 참여했고, 총 16차시의 대화 자료를 질적으로 수집했다. 수업에서 오간 대화는 '활동 대화'와 '주제 대화'로 구분하고, 주제 대화를 다시 텍스트 내용을 확인하고 정리하는 '내용 이해 활동', 주제 질문을 중심으로 생각을 나누는 '주제 토론'으로 나누어 '주제 토론' 부분을 분석 대상으로 삼았다.

대화 분석을 위해 'I-YOU-IT-WE'기호적 요소의 범위를 다음과 같이 설정했다. I는 발화 주체로서의 자기 의견·감정·경험을 드러내는 말, YOU는 타자의 말에 응답하거나 그 말을 재인용·재사용하는 발화, IT은 수업에 사용한 텍스트와 관련 텍스트의 내용, 참조한 개념 등, WE는 사회·문화적 경험 및 공유된 지식, 보편적인 규범, 일반인을 주어로 두고 제시하는 지식을 가리킨다. 이것을 바탕으로 각 단계에서 어떤 자원이 주로 호출되고, 어떤 자원은 거의 활용되지 않는지, 그런 차이가 공동 의미 구성에 어떤 영향을 미치는지를 살펴보았다.

각자 말하기에서 서로를 향한 말하기까지

의미 표현 단계는 이후 의미 선택과 의미 형성의 기반이 되는 '첫 말하기 양상'이 만들어지는 구간이다. 분석 결과, 이 단계에서는 대체로 다음과 같은 네 가지 양상이 확인되었다.

첫 번째 양상은 나열적 자기표현 이후 상대가 서로 재언급되지 않는 양상이다. 학생들이 각자 자신의 느낌이나 판단을 짧게 말하는 수준의 나열형 발화가 이어지며, 이후 대화에서 거의 다시 호출되지 않는 경우다. "저는 이 인물이 불쌍하다고 생각해요", "저는 그냥 나쁘다고 봤어요"와 같이 I 자원만을 사용한 발화가 이어지며 타인의 발화(YOU)에 사용되지 않는다. 텍스트(IT)나 사회자원(WE)도 활용되지 않아 다른 자원으로도 연결되지 않는 양상이다. 실제 수업에서는 표면적으로는 여러 학생이 돌아가며 말하고 있어 '활발해 보이지만', 서로의 발화가 교차하거나 겹치는 지점이 거의 없어서 의미 선택의 계기가 되는 '핵심어'의 형성이 어렵다. 이런 경우, 말은 많이 오가지만 '무엇을 말했는가'를 찾기 어려운 소모적인 대화로 끝나기 쉽다.

두 번째 양상은 텍스트 사실 확인에 멈추는 양상이다.

책에 나온 사실을 근거 삼아 의견을 말하지만, 그 근거가 주제와 연결된 '역할 의미'로 재구성되지 못하는 경우다. "여기서 주인공이 집을 떠난 건 3학년 때예요", "마지막에 아빠가 울어요"와 같이 학생들은 책 속 장면이나 정보를 인용하지만, 그래서 이 장면이 우리 질문과 어떻게 이어지는지를 묻거나, 그 내용을 다시 언급해 의미를 조정하는 움직임이 부족하다. 이때 텍스트를 사용한 발화는 '맞게 읽었는지 점검하는' 사실 확인 점검 수준이고, 이후 대화에서 언급 및 참조되지 않아 '공유하며 쓰는 공통 지원'으로 기능하지 못한다. 결과적으로, 텍스트 사실 이해는 이루어졌을지 모르지만, 그 사실이 의미 표현-선택-형성으로 구성되는 기반으로 사용되지 못한다.

세 번째 양상은 다양한 자원을 엮는 '씨앗 발화'와 잠재적 '후보 의미'가 나타나는 양상이다. 일부 학생들이 자신의 경험(I), 또래나 가정, 사회에서 본 사례(WE), 텍스트 내용(IT)을 한 발화 안에서 함께 엮어 발화하는 경우다. 예를 들어 책의 인물 행동을 자신의 경험과 견주어 설명하거나, 뉴스에서 본 사회적 이슈를 가져와 비교하는 식이다. 이러한 발화는 기존 흐름 발화와 조금 방향을 다르게 지시하거나, 아직 등장하지 않은 새로운 의미를 꺼냈다는 점에서 잠재적 '후보 의미'의 성격을 띤다. 이것은 나중에 다시 재호출될 가능성이 높은 '씨앗 발화'가 된다. 다만 이 씨앗 발화가 의미 선택으로 이어지려면, 이후 대화에서 "방금 말은 아까 이야기와 어떻게 이어질까?", "앞서 언급된 기준으로 다시 보자"와 같이 상대의 깊은 이해를 요구하는 수준의 재언급이 필요하다.

네 번째 양상은 '질문-응답' 짝 형식과 같은 상보적 역할 분담이 나타나는 양상이다. 학생들 간에 "그럼 너는?", "왜 그렇게 생각해?"와 같은 질문이 서로에게 던져지고, 그에 대한 응답이 이어지면, 의견은 고립된 말에서 '누군가의 말에 대한 응답'으로 서로를 향해 열린다. 교사가 "누구는 아까 이렇게 말했지?"라고 학생 발화를 재언급하며, "이 말에 동의하는 사람? 다른 생각 있는 사람?"이라고 동의 · 비동의를 묻는 장면도 같은 맥락이다. 이런 상보적인 구조가 나타나면 나의 의견으로 시작한 의미가 재언급을 매개로 서로에게 열리고 이후, 의미 선택을 가능하게 하는 발판이 된다.

무엇이 '공동 중심'이 되고 있는가

의미 선택 단계는 의미 표현 단계에서 등장한 다양한 의견과 자원 가운데 일부가 반복되고 다른 발화와 재구성되면서 '핵심 역할 의미'로 떠오르는 과정이다. 이때 핵심적인 것은 '재언급 및 재인용 자원(YOU)' 사용이다. 분석 결과, 다음 세 가지 주요 양상이 나타났다.

첫째, 개인 경험이 능동적인 참여와 재언급을 통한 중심축이 되는 양상이다. 특정 학생의 개인 경험이 반복해서 다시 소환되며 대화의 중심되는 경우다. 처음 학생의 주관적 경험 발화는 대화 참여 동기를 높이고 발화를 풍부하게 만드는 장점이 있지만, 주제와 거리가 멀어질 경우 토론의 초점이 흐려질 위험도 있다. 그럼에도 특정 학생의 경험이 여러 차례 재언급되면, 단순한 개인 이야기에서, '이 수업에서 함께 생각하는 공통 이야기 가운데 하나'가 될 수 있다.

둘째, 사회 지식이나 시사적 지식을 매개로 한 의미 선택 양상이다. 뉴스 · 사회 이슈, 또래 문화, 사회적 사건 등 사회문화 자원(WE)이 재언급되면서, 의미가 선택되는 경우다. 이러한 사회문화 자원의 재사용은 '지금-여기'의 교실 이야기를 더 넓은 사회 · 문화적 장과 연결하며, 역동적인 의미 구성 과정을 만들어 낸다. 이때 사용되는 사회문화 자원의 재사용은 상황 맥락과 시간 흐름 속으로 대화를 이동시키는 역사성을 갖게 한다. 다만, 실제 교실에서 학생들이 가진 사회문화 경험이 다르고, 또래 집단 내부의 경험이 우선 재언급되기 때문에, 교사가 그 집단의 잠재적 사회문화를 고려하고 어떤 사회적 문화자원을 더 확장하느냐에 따라 의미 선택의 폭이 달라진다.

셋째, 대립 의견이 재언급·재구성되며 의미 선택이 이루어지는 양상이다. 서로 다른 입장을 가진 학생들의 의견이 반복 호출되면서 의미가 선택되는 경우다. "아까 누가 말한 부분에서 저는 좀 다르게 생각해요", "누구 말이랑 누구 말이 반대인 것 같은데, 왜 그렇지?"와 같이 상대 의견과 차이를 밝히기 위해 다시 꺼내는 경우 대립은 충돌이 아니라 의미 선택의 동력이 된다. '동의-비동의'가 주는 긴장은 '왜 그렇게 다르게 보는가'를 탐색하는 계기가 된다. 이때 타자성(다른 목소리)은 갈등의 위험 요소가 아니라, '어떤 의미를 중심에 두고 조정할 것인지'를 함께 결정해 가는 기준이 된다.

실제 수업에서는 의미 표현과 의미 선택이 명확히 분리되기보다 뒤섞여 나타난다. 그래서 더욱 중요하게 고려해야 할 것은 학생들이 한 번 발화한 것들을 다시 언급되게 하고, 서로의 발화를 비교하고 조정해 가도록 이끄는 발문과 활동 구조를 설계하는 일이다. 그 결과, 의미 표현 단계에서의 초기 발화들이 소멸되지 않고 '선택 가능한 의미'로 계속 살아남도록 도울 수 있다.

수용과 대립의 길

의미 형성 및 의미 결합 단계는 의미 선택을 통해 드러난 핵심 의미들이 서로 연결되고 변형되어 새로운 관점을 낳는 구간이다. 분석 결과, 크게 수용적 의미 형성과 대립적 의미 형성의 두 가지 양상이 나타났다.

첫째, 수용적 의미 형성으로 의미를 넓혀 가는 양상이다. 여기에는 역사 · 문화에 대해 '원래 그런 것'으로 받아들이는 대화, 교과서적 지식이나 어른들이 늘 말해 온 규범을 큰 이견 없이 수용하는 대화, 교사가 제시한 해석을 그대로 따라가는 대화 양상이 포함된다. "원래 그렇게 하는 거야", "어른들이 항상 그러라고 했잖아요", "원래 역사 배울 때 일본은~"과 같이 이미 자리 잡은 사회문화(WE) 자원을 의심 없이 받아들이는 발화들이다. 이때 텍스트 내용에 대한 해석의 차이는 거의 나타나지 않고, 발화가 재언급되지 않으면, '혼자 하는 의미 구성'으로 남아 집단 차원의 의미 결합으로 이어지기 어렵다. 반대로 같은 수용적 발화라도 사회문화 자원(WE)과 재언급이 함께 작동하면, 이미 알고 있던 것"에 맥락성이 더해져서 단선적 대화 속에서 의미가 주변으로 확산되기도 한다.

둘째, 대립을 매개로 한 다성적 의미 형성 양상이다. 서로 다른 관점이 부딪히는 과정에서 의미가 재구조화되는 경우다. 여기에는 보편적인 사회규범에 다른 의견이 나타나는 대화, 비유적 표현이나 상징에 대해 각자 다양하게 해석하는 대화 양상이 포함된다. 특히 비유적 표현이나 상징에 대한 해석은 개인의 정체성이나 인격을 직접적으로 건드리지 않기 때문에 비교적 안전하게 서로 다른 해석을 내놓을 수 있다. 누가 맞는가를 겨루기보다, 어떻게 읽었는지를 설명하고 비교하는 과정에서 서로 다른 해석이 수정되거나 조정되어, 응집력 있는 의미 변화가 나타난다. 이러한 다성적 의미 형성은 단순한 '갈등'이 아니라, '차이를 이용해 의미를 재조정하는 공저자 행위'라고 볼 수 있다.

위의 내용을 요약하면, 수용적 의미 형성은 이미 존재하는 지식 · 규범 · 해석을 넓게 연결해 의미의 범위를 확장하는 데 강점을 가진다. 대립을 매개로 한 다성적 의미 형성은 여러 관점을 조정하고 재배치해 의미 구조를 응집력 있게 재구조화하는 데 강점을 갖는다. 두 양상 모두 독서 토론에서 필요한데 중요한 것은 촉진자로서 교사가 어느 부분에서 수용의 흐름을 인정해서 넓게 보게 하고, 어느 부분에선 학생들 간의 의견 차이를 더 선명하게 드러내어 재구성을 시도하게 할 것인지 판단해야 한다는 것이다.

참고문헌

박영순(2007). 『한국어 화용론』. 서울:박이정.

박철우 외(2023). 『한국어의미론』. 서울:사회평론 아카데미.

서미경(2024). 독서토론 대화에서의 의미구성 양상연구 - 대화자원의 기호적 요소활용을 중심으로-. 가톨릭대학교 일반대학원 박사학위논문.

Linell, P.(2009). *Rethinking Language, Mind, and World Dialogically*. Information Age Publishing Inc.

Littleton, K., & Mercer, N.(2013). *Interthinking: putting talk to work*. London: Routledge. 김미경·김준경·유미숙 옮김(2019). 『인터씽킹』. 서울:시그마프레스.

지은이 소개

서미경

가톨릭대학교에서 독서학 석사와 독서교육전공 박사학위를 취득했다. 한국독서路연구소 대표이자 가톨릭대학교 교육대학원 겸임교수다. 학교 · 공공도서관 · 지역사회 현장에서 독서 교육 및 독서 토론, 독서 동아리 프로그램을 설계 · 운영해 왔다. 서울시교육청 '서울형 토론 교육 〈여럿이 함께〉', 찾아가는 '독서로 함께 토론'을 비롯해 서울시 · 경기도 교육청, 국립중앙도서관, 국립어린이청소년도서관 등에서 독서 교육 프로그램 개발 · 자문과 강사 양성 연수를 다수 수행했다. 독서문화 부문 문화체육관광부장관상(2019)과 독서 토론 활동가 양성 공로로 서울시교육감 표창장(2025)을 수상했다. 상호 사고 관점의 독서 토론 상호작용, 대화 중심 독서 토론 수업 설계 등 '대화 중심 독서 토론'의 이론화와 현장 적용에 관심을 가지고 있다.